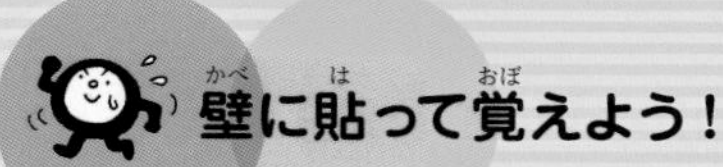


# 英検4級 重要名

| | | |
|---|---|---|
| 1 **animal** アニマる | 2 **basketball** バスケットボーる | 3 **beach** ビーチ |
| 6 **coat** コウト  | 7 **computer** コンピュータァ | 8 **concer** カ(ー)ンサト |
| 11 **daughter** ドータァ | 12 **dictionary** ディクショナ   | 13 **farm** ふァーム |
| 16 **fruit** ふルート |   | 18 **grandf** グラン(ド)ふァ |
| 21 **hospital** ハ(ー)スピトゥる | **job** ヂャ(ー)ップ | 23 **langua** らングウェッヂ |
| 26 **map** マップ 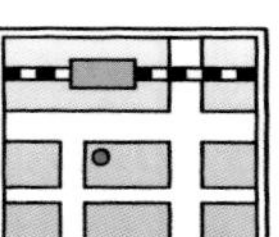 | 27 **money** マニィ | 28 **mount** マウントゥン |
| 31 **newspaper** ヌーズペイパァ | 32 **people** ピープる | 33 **pet** ペット |
| 36 **restaurant** レストラント | 37 **season** スィーズン | 38 **soccer** サ(ー)カァ |
| 41 **station** ステイション | 42 **subject** サブヂェクト | 43 **superm** スーパマーケッ |
| 46 **umbrella** アンブレら  | 47 **vacation** ヴェイケイション | 48 **vegeta** ヴェヂタブる |

## 詞50を覚えよう!

単語

| | | |
|---|---|---|
| | 4 **bicycle** バイスィクる | 5 **class** クらス |
| t | 9 **cookie** クッキィ | 10 **cousin** カズン |
| | 14 **festival** ふェスティヴァる | 15 **food** ふード |
| ather ーざァ | 19 **grandmother** グラン(ド)マざァ | 20 **homework** ホウムワ〜ク |
| ge | 24 **library** らイブレリィ | 25 **magazine** マガズィーン |
| ain | 29 **movie** ムーヴィ | 30 **museum** ミュ(ー)ズィ(ー)アム |
| | 34 **picture** ピクチャ | 35 **present** プレズント |
| | 39 **son** サン | 40 **spaghetti** スパゲティ |
| arket ト | 44 **ticket** ティケット | 45 **train** トゥレイン |
| ble | 49 **weather** ウエざァ | 50 **zoo** ズー |

# 学ぶ人は、変えてゆく人だ。

目の前にある問題はもちろん、

人生の問いや、社会の課題を自ら見つけ、

挑み続けるために、人は学ぶ。

「学び」で、少しずつ世界は変えてゆける。

いつでも、どこでも、誰でも、

学ぶことができる世の中へ。

旺文社

文部科学省後援

# 英検® 4級

# でる順パス単
# 書き覚えノート

英検®は、公益財団法人 日本英語検定協会の登録商標です。

改訂版

旺文社

# はじめに

「単語がなかなか覚えられない」「単語集を何度見てもすぐに忘れてしまう」という声をよく聞きます。英検の対策をする上で，単語学習はとても重要です。しかし，どうやって単語学習を進めればいいのか分からない，自分のやり方が正しいのか自信がない，という悩みをかかえている人も多くいると思います。『英検４級 でる順パス単 書き覚えノート［改訂版］』は，そういった学習の悩みから生まれた「書いて覚える」単語学習のサポート教材です。

本書の特長は，以下の３つです。

1. 「書いて，聞いて，発音して覚える」方法で効果的に記憶できる
2. 日本語（意味）から英語に発想する力を養うことができる
3. 「復習テスト」と「実力チェック」で単熟語を覚えているかどうか自分で確認することができる

単熟語を実際に書き込んで手を動かすことは，記憶に残すためにとても効果的な方法です。ただ単語集を覚えてそのままにしておくのではなく，本書に沿って継続的に単語学習を進めていきましょう。「書いて」→「復習する」というステップを通して確実に記憶の定着につなげることができるでしょう。本書での学習が皆さんの英検合格につながることを心より願っています。

**本書とセットで使うと効果的な書籍のご紹介**

本書に収録されている内容は，単語集『英検４級 でる順パス単［５訂版］』に基づいています。単語集には，単語・熟語のほかに英検４級によくでる会話表現も収録しています。

編集協力：株式会社カルチャープロ，大河内さほ　組版協力：幸和印刷株式会社
装丁デザイン：及川真咲デザイン事務所（浅海新菜）　本文＆ポスターデザイン：伊藤幸恵
イラスト：三木謙次，大島千明（ポスター）

# 本書の構成

## 単語編

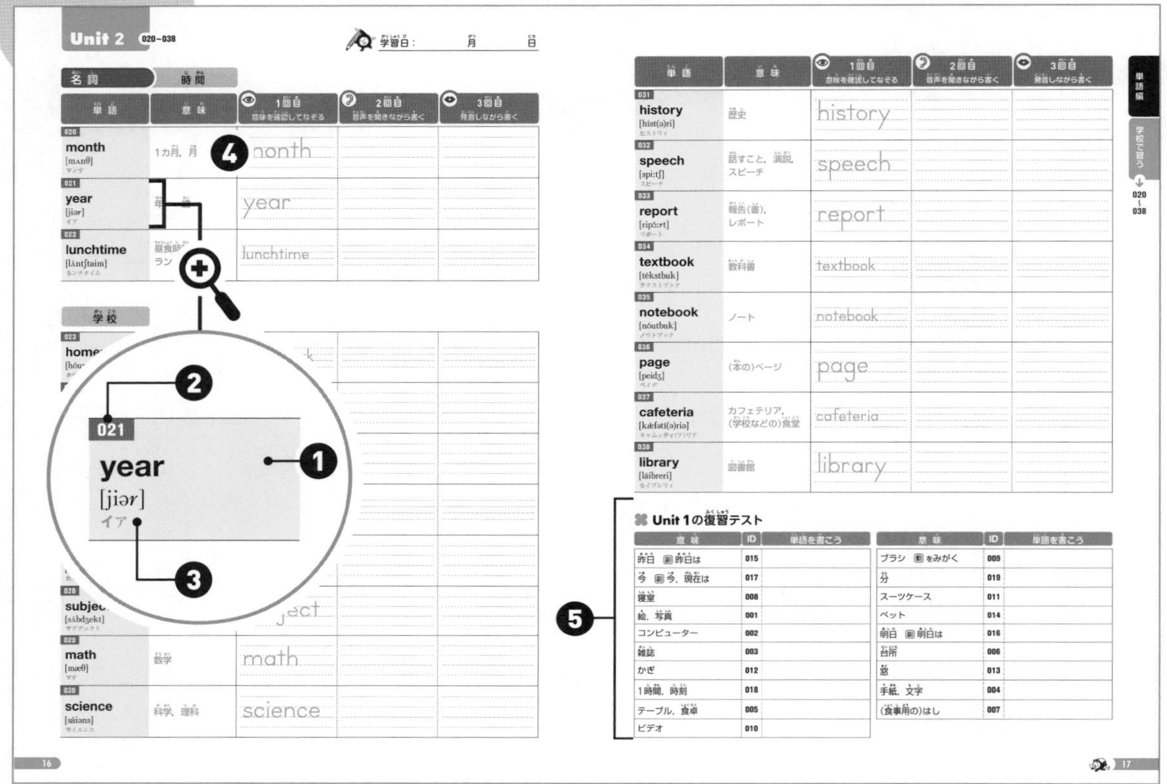


### ❶ 見出し語

『英検4級 でる順パス単［5訂版］』に掲載されている単語・熟語です。

### ❷ 見出し語（ID）番号

見出し語には単語編・熟語編を通して001～700の番号が振られています。『英検4級 でる順パス単［5訂版］』の見出し語（ID）番号に対応しています。

### ❸ 発音記号

見出し語の読み方を表す記号です。主にアメリカ発音を採用しています。（詳細はp.9参照）

### ❹ 意味

見出し語の意味は原則として『英検4級 でる順パス単［5訂版］』に準じて掲載しています。ただし，同意語や用例などは掲載しないなど，一部変更しています。

＊単語編の見出し語には，アメリカ発音のカタカナ読みが付いています。基本はカタカナで示していますが，日本語の発音にないものはひらがなになっております。また，一番強く発する箇所は太字で表しています。

1Unit につき，単語は 20 語程度，熟語は 8 語程度区切られており，これが 1 回分の学習の目安となります。本書の利用法については p.6 以降を参照してください。

## 熟語編

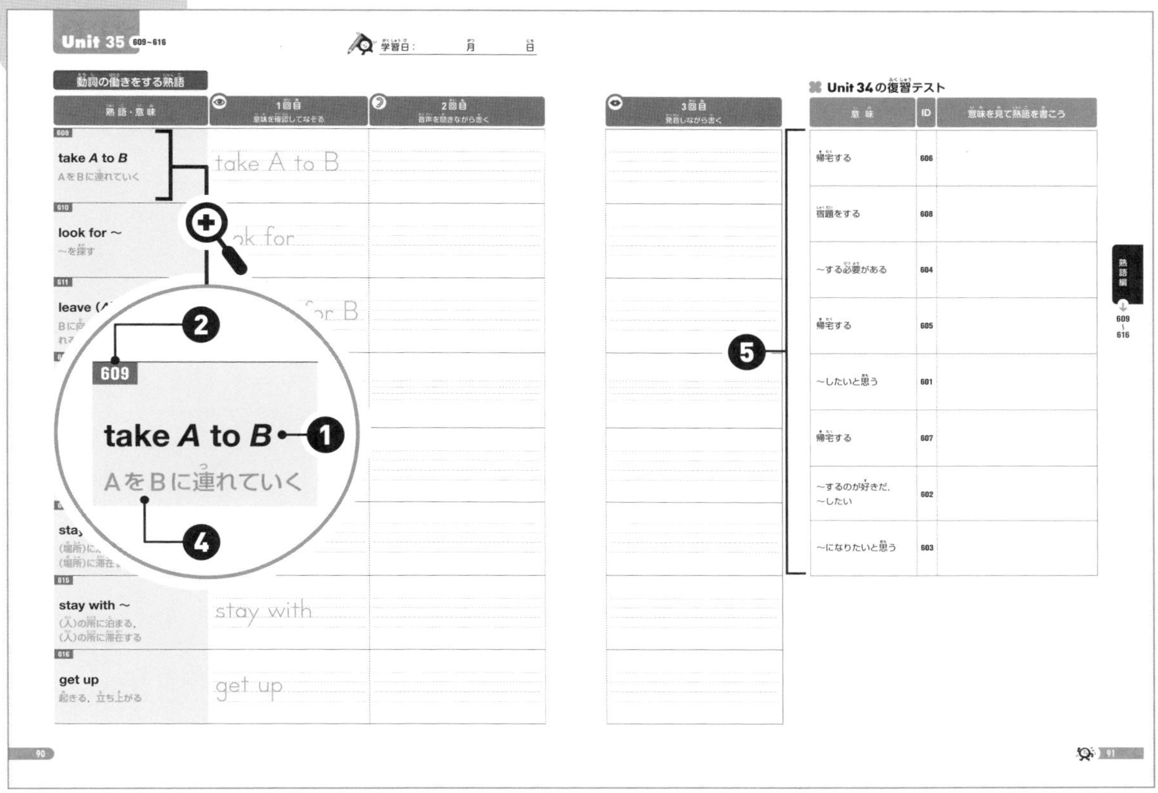

Unit 35 609~616　　学習日：　月　日

動詞の働きをする熟語

| 熟語・意味 | 1回目 意味を確認してなぞる | 2回目 音声を聞きながら書く | 3回目 発音しながら書く |
|---|---|---|---|
| 609 take *A* to *B* AをBに連れていく | take A to B | | |
| 610 look for ~ ~を探す | look for | | |
| 611 leave (A) ... | ... for B | | |
| ... stay ... (場所)に... (場所)に滞在... | | | |
| 615 stay with ~ (人)の所に泊まる，(人)の所に滞在する | stay with | | |
| 616 get up 起きる，立ち上がる | get up | | |

❷ 609
take *A* to *B* ❶
AをBに連れていく ❹

Unit 34の復習テスト ❺

| 意味 | ID | 意味を見て熟語を書こう |
|---|---|---|
| 帰宅する | 606 | |
| 宿題をする | 608 | |
| ~する必要がある | 604 | |
| 帰宅する | 605 | |
| ~したいと思う | 601 | |
| 帰宅する | 607 | |
| ~するのが好きだ，~したい | 602 | |
| ~になりたいと思う | 603 | |

熟語編 609~616

90　　91

### ❺ 復習テスト

1 つ前の Unit で学習した単語・熟語の復習テストです。空欄に単語・熟語を記入しましょう。

## 表記について

| | | | | |
|---|---|---|---|---|
| 動 動詞 | 名 名詞 | 形 形容詞 | 副 副詞 | 接 接続詞 |
| 前 前置詞 | 代 代名詞 | 間 間投詞 | | |

~ ……… ~の部分に語句が入る　　(　) …… 省略可能／補足説明

*A, B* …… A，B の部分に異なる語句が入る　　[　] …… 直前の語句と言い換え可能

*one's* …… 人を表す語句が入る　　*do* ……… 動詞の原形が入る

to *do* …… 不定詞が入る　　*doing* …… 動詞の -ing 形が入る

# 本書の特長と利用法

## 単語編

学校で習う単語
↓
英検にでる単語

### 1 書いて記憶

左欄の「単語」と「意味」を確認します。1回目は「意味を確認してなぞる」，2回目は「音声を聞きながら書く」，3回目は「発音しながら単語を書く」流れになっているので，しっかり書いて練習しましょう。

### 2 復習テスト

各Unitの最後に復習テストがあります。1つ前のUnitのすべての語の意味がランダムに並べ替えられています。その意味の単語を思い出して書きます。前のUnitで見出し語（ID）番号の一致する単語と意味を見て，答え合わせします。

## 熟語編

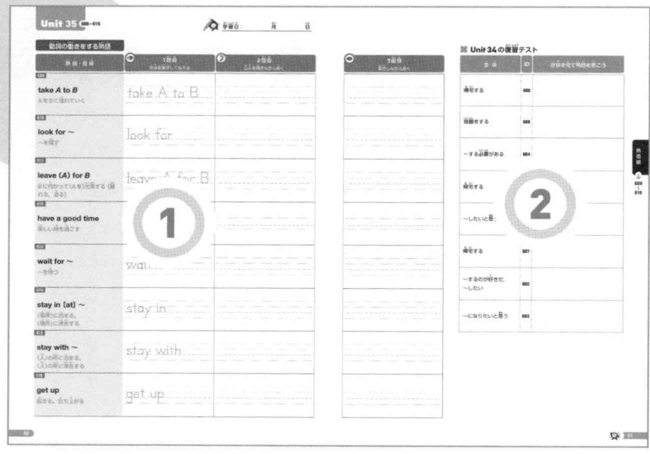

Unit 35

take A to B

look for ～

leave (A) for B

have a good time

wait for ～

stay in [at] ～

stay with ～

get up

Unit 34の復習テスト

### 1 書いて記憶

左欄の熟語を見て下の意味を確認します。1回目はなぞり，2回目は音声を聞きながら書き，3回目は発音しながら熟語を書きましょう。

### 2 復習テスト

1つ前のUnitのすべての熟語がランダムに並べ替えられています。意味を見て熟語を思い出して書きます。前のUnitで見出し語（ID）番号の一致する熟語と意味を見て，答え合わせします。

**1日1 Unit（単語20語程度／熟語8語程度）を目安に進めましょう。**

## 3 実力チェック

各章の最後に実力チェックがあります。各章で学習した見出し語から選ばれた語が穴埋め形式の問題で出題されます。最後に答えを掲載しているので，何問解けたかを答え合わせし，分からなかった単語・熟語は該当 Unit に戻って確認しましょう。

### さらに単語を楽しく覚えよう！

**ポスター「重要名詞50を覚えよう！」，「重要動詞50を覚えよう！」**

英検4級 重要名詞50を覚えよう！

| | | | | |
|---|---|---|---|---|
| animal | basketball | beach | bicycle | class |
| coat | computer | concert | cookie | cousin |
| daughter | dictionary | farm | festival | food |
| fruit | garden | grandfather | grandmother | homework |
| hospital | job | language | library | magazine |
| map | money | mountain | movie | museum |
| newspaper | people | pet | picture | present |
| restaurant | season | soccer | son | spaghetti |
| station | subject | supermarket | ticket | train |
| umbrella | vacation | vegetable | weather | zoo |

英検4級 重要動詞50を覚えよう！

| | | | | |
|---|---|---|---|---|
| ask | become | begin | bring | buy |
| clean | come | cook | cut | draw |
| drink | drive | enjoy | find | finish |
| forget | get | give | know | learn |
| leave | listen | live | love | make |
| meet | need | paint | put | read |
| ride | say | send | show | sing |
| sleep | speak | stay | swim | take |
| talk | teach | tell | think | try |
| visit | wash | wear | work | write |

「重要名詞50を覚えよう！」「重要動詞50を覚えよう！」では，単語編に収録された語の中から特に覚えておきたい名詞や動詞を50語ずつ掲載しています。表面に単語（英語），裏面に意味（日本語）を載せていますので，好きな面を貼って学習しましょう。

＊基本的に『英検4級 でる順パス単［5訂版］』の書体（フォント）にそろえていますが，なぞる部分では手書き文字に近い書体を使っています。

# 音声について

本書に掲載されている見出し語の音声（英語）を，公式アプリ「英語の友」（iOS/Android）を使ってスマートフォンやタブレットでお聞きいただけます。

## ● ご利用方法

**1** 「英語の友」公式サイトより，アプリをインストール

英語の友

URL : **https://eigonotomo.com/**

左記の QR コードから読み込めます。

**2** アプリ内のライブラリより『**英検 4 級でる順パス単 5 訂版**』の「追加」ボタンをタップ

⚠ 『英検 4 級でる順パス単書き覚えノート 改訂版』はライブラリにはありません。『**英検 4 級でる順パス単 5 訂版**』を選択してください。

**3** 画面下の「**単語**」をタップして「単語モード」を再生

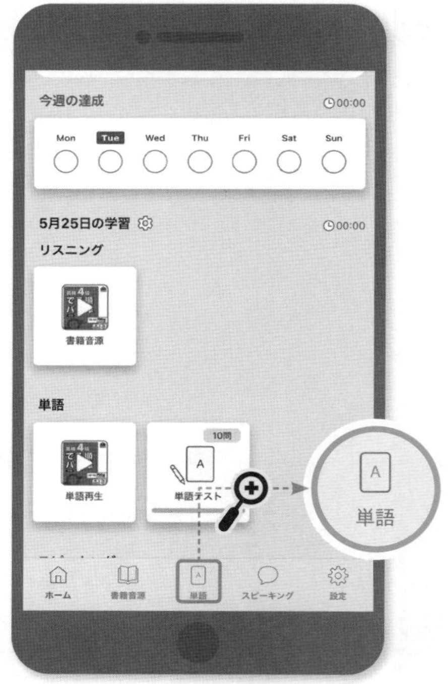


⚠ 「書籍音源モード」には対応していません。「**単語モード**」を選んで再生してください。

※デザイン，仕様等は予告なく変更される場合があります。
※本アプリの機能の一部は有料ですが，本書の音声は無料でお聞きいただけます。
※詳しいご利用方法は「英語の友」公式サイト，あるいはアプリ内のヘルプをご参照ください。
※本サービスは予告なく終了することがあります。

# 発音記号について

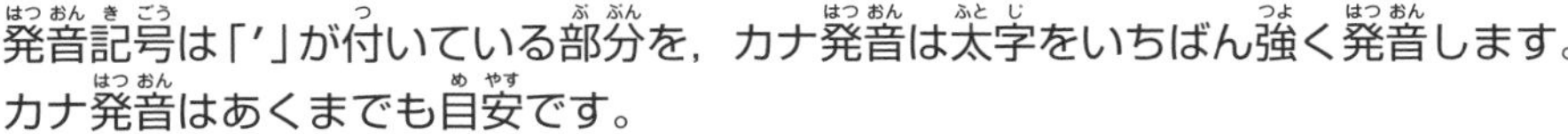

発音記号は「ˊ」が付いている部分を，カナ発音は太字をいちばん強く発音します。
カナ発音はあくまでも目安です。

## 母音

| 発音記号 | カナ発音 | 例 | | 発音記号 | カナ発音 | 例 | |
|---|---|---|---|---|---|---|---|
| [i:] | イー | eat | [i:t イート] | [ʌ] | ア | just | [dʒʌst チャスト] |
| [i] | イ ※1 | sit | [sit スィット] | [ə] | ア ※2 | about | [əbáut アバウト] |
| [e] | エ | ten | [ten テン] | [ər] | アァ | computer | [kəmpjú:tər コンピュータァ] |
| [æ] | ア | bank | [bæŋk バンク] | [ə:r] | ア〜 | nurse | [nə:rs ナ〜ス] |
| [ɑ] | ア | stop | [stɑ(:)p スタ(ー)ップ] | [ei] | エイ | day | [dei デイ] |
| [ɑ:] | アー | father | [fá:ðər ふァーざァ] | [ou] | オウ | go | [gou ゴウ] |
| [ɑ:r] | アー | card | [kɑ:rd カード] | [ai] | アイ | time | [taim タイム] |
| [ɔ] | オ | song | [sɔ(:)ŋ ソ(ー)ング] | [au] | アウ | out | [aut アウト] |
| [ɔ:] | オー | all | [ɔ:l オーる] | [ɔi] | オイ | boy | [bɔi ボイ] |
| [ɔ:r] | オー | before | [bifɔ́:r ビふォー] | [iər] | イア | ear | [iər イア] |
| [u] | ウ | good | [gud グッド] | [eər] | エア | hair | [heər ヘア] |
| [u:] | ウー | zoo | [zu: ズー] | [uər] | ウア | your | [juər ユア] |

※1…[i]を強く発音しない場合は[エ]と表記することがあります。
※2…[ə]は前後の音によって[イ][ウ][エ][オ]と表記することがあります。

## 子音

| 発音記号 | カナ発音 | 例 | | 発音記号 | カナ発音 | 例 | |
|---|---|---|---|---|---|---|---|
| [p] | プ | put | [put プット] | [ð] | ず | those | [ðouz ぞウズ] |
| [b] | ブ | bed | [bed ベッド] | [s] | ス | salad | [sæləd サらッド] |
| [t] | ト | tall | [tɔ:l トーる] | [z] | ズ | zoo | [zu: ズー] |
| [d] | ド | door | [dɔ:r ドー] | [ʃ] | シ | short | [ʃɔ:rt ショート] |
| [k] | ク | come | [kʌm カム] | [ʒ] | ジ | usually | [jú:ʒu(ə)li ユージュ(ア)りィ] |
| [g] | グ | good | [gud グッド] | [r] | ル | ruler | [rú:lər ルーらァ] |
| [m] | ム | movie | [mú:vi ムーヴィ] | [h] | フ | help | [help へるプ] |
| | ン | camp | [kæmp キャンプ] | [tʃ] | チ | chair | [tʃeər チェア] |
| [n] | ヌ | next | [nekst ネクスト] | [dʒ] | ヂ | jump | [dʒʌmp ヂャンプ] |
| | ン | rain | [rein レイン] | [j] | イ | year | [jiər イア] |
| [ŋ] | ング | sing | [siŋ スィング] | | ユ | you | [ju: ユー] |
| [l] | る | like | [laik らイク] | [w] | ウ | walk | [wɔ:k ウォーク] |
| [f] | ふ | food | [fu:d ふード] | | ワ | work | [wə:rk ワ〜ク] |
| [v] | ヴ | very | [véri ヴェリィ] | [ts] | ツ | its | [its イッツ] |
| [θ] | す | think | [θiŋk すィンク] | [dz] | ヅ | needs | [ni:dz ニーヅ] |

# 学習スケジュール

使い方

**STEP 1** 目標を決めよう！　右ページにある目標の欄に学習の目標を書こう。
**STEP 2** 各 Unit が終わったら，該当する Unit 番号の箇所を塗りつぶそう。
**STEP 3** 全部の Unit が終わったら，目標が達成できたか確認しよう。

## 単語編　学校で習う単語 ✖ Unit 1～19

Unit 1 — Unit 2 — Unit 3 — Unit 4 — Unit 5

Unit 6 — Unit 7 — Unit 8 — Unit 9

Unit 10 — Unit 11 — Unit 12 — Unit 13 — Unit 14

Unit 15 — Unit 16 — Unit 17 — Unit 18

Unit 19 — 実力チェック ①

目標：

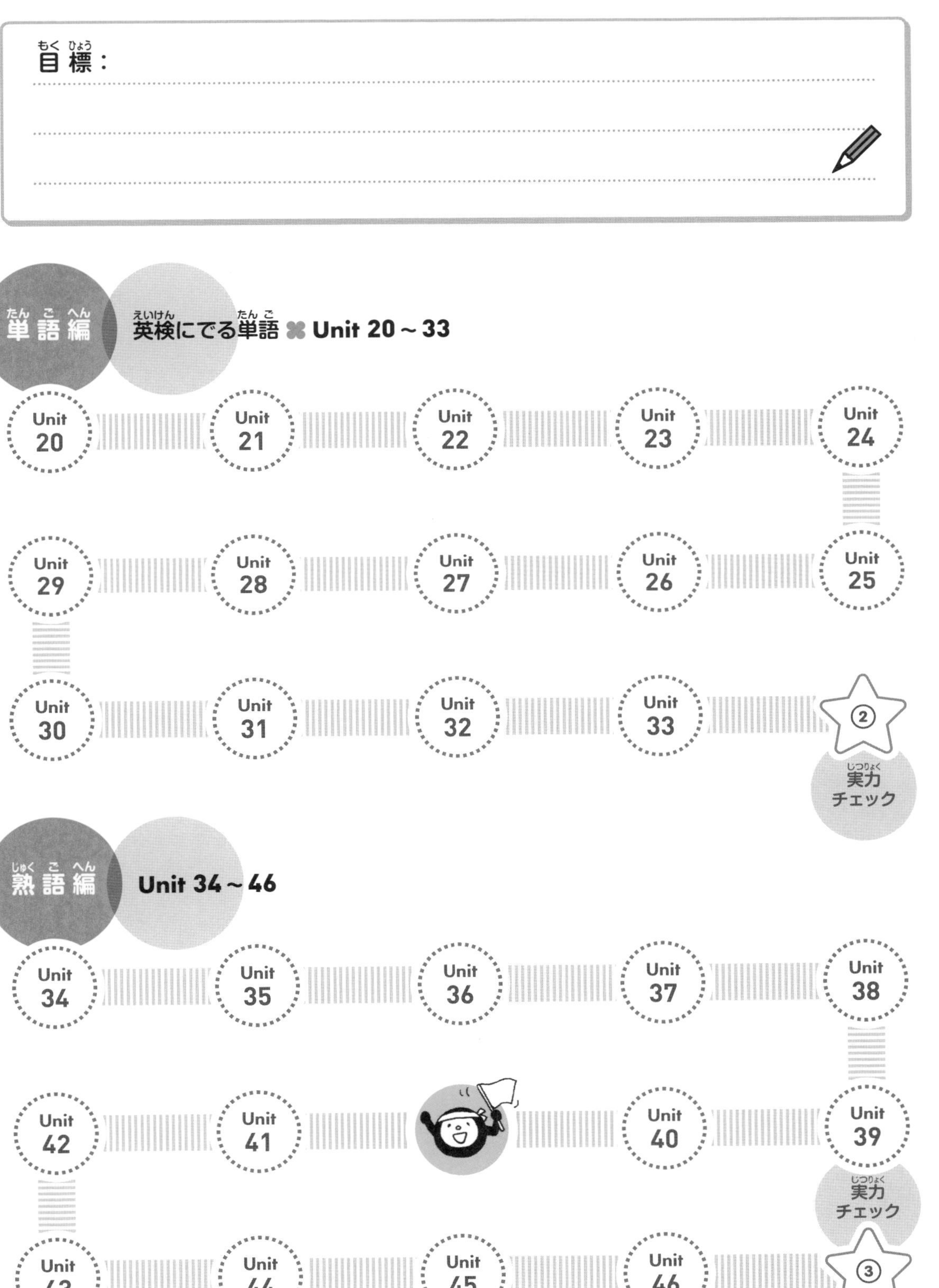

単語編
英検にでる単語 Unit 20～33
Unit 20
Unit 21
Unit 22
Unit 23
Unit 24
Unit 25
Unit 26
Unit 27
Unit 28
Unit 29
Unit 30
Unit 31
Unit 32
Unit 33
②
実力チェック
熟語編
Unit 34～46
Unit 34
Unit 35
Unit 36
Unit 37
Unit 38
Unit 39
Unit 40
Unit 41
Unit 42
Unit 43
Unit 44
Unit 45
Unit 46
実力チェック
③

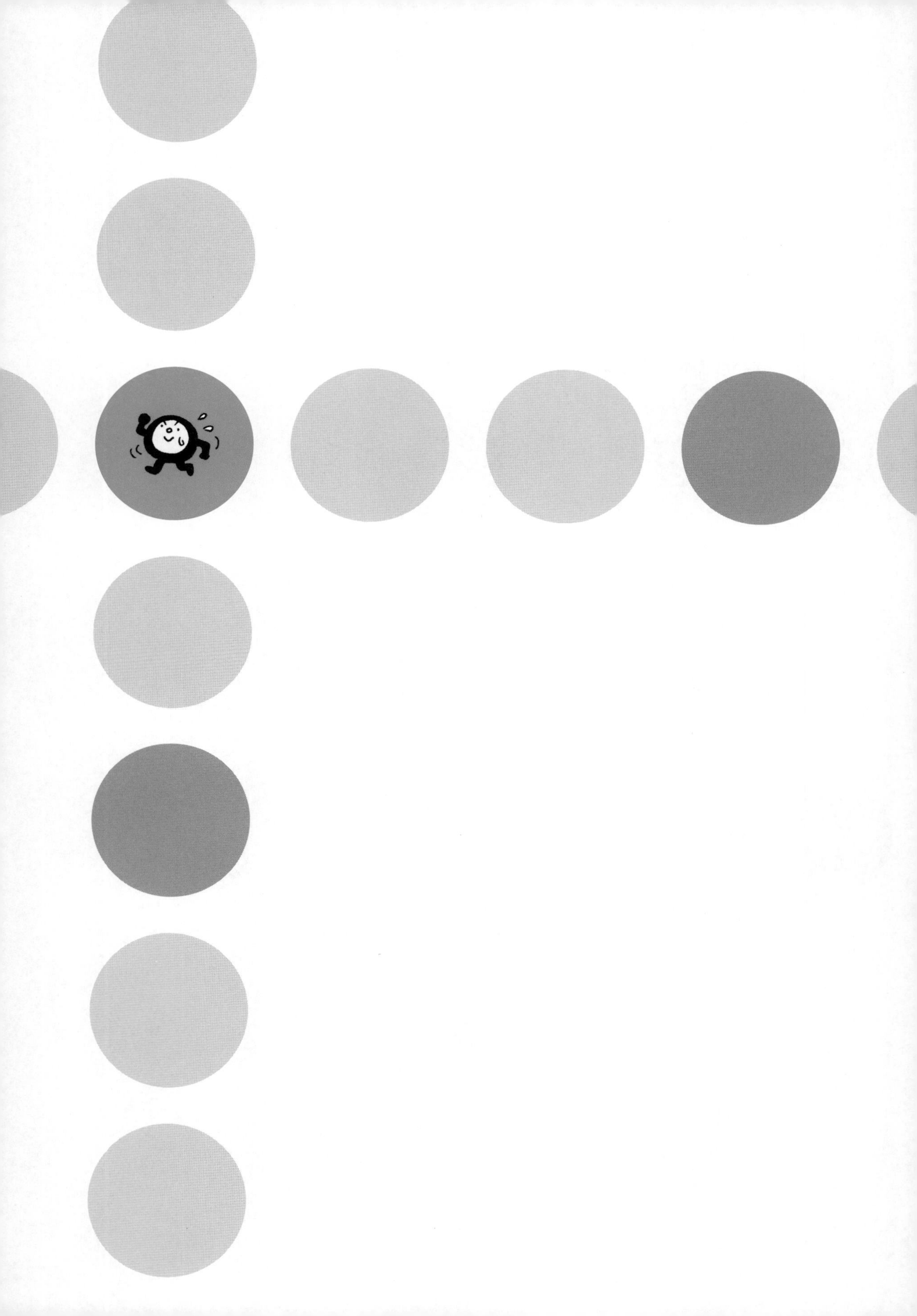

# 単語編

## 学校で習う単語 349

Unit 1
～
Unit 19

学習日： 月 日

## 名詞 家の中

| | 単語 | 意味 | 1回目 意味を確認してなぞる | 2回目 音声を聞きながら書く | 3回目 発音しながら書く |
|---|---|---|---|---|---|
| 001 | **picture** [píktʃər] ピクチャ | 絵，写真 | picture | | |
| 002 | **computer** [kəmpjú:tər] コンピュータァ | コンピューター | computer | | |
| 003 | **magazine** [mǽgəzi:n] マガズィーン | 雑誌 | magazine | | |
| 004 | **letter** [létər] れタァ | 手紙，文字 | letter | | |
| 005 | **table** [téibl] テイブる | テーブル，食卓 | table | | |
| 006 | **kitchen** [kítʃ(ə)n] キチン | 台所 | kitchen | | |
| 007 | **chopstick** [tʃá(:)pstik] チャ(ー)ップスティック | (食事用の)はし | chopstick | | |
| 008 | **bedroom** [bédru:m] ベッドルーム | 寝室 | bedroom | | |
| 009 | **brush** [brʌʃ] ブラッシ | ブラシ<br>動 をみがく | brush | | |
| 010 | **video** [vídiou] ヴィディオウ | ビデオ | video | | |
| 011 | **suitcase** [sú:tkeis] スートケイス | スーツケース | suitcase | | |
| 012 | **key** [ki:] キー | かぎ | key | | |

| 単語 | 意味 | 1回目 意味を確認してなぞる | 2回目 音声を聞きながら書く | 3回目 発音しながら書く |
|---|---|---|---|---|
| 013 **window** [wíndou] ウィンドウ | 窓 | window | | |
| 014 **pet** [pet] ペット | ペット | pet | | |

## 時間

| 単語 | 意味 | 1回目 | 2回目 | 3回目 |
|---|---|---|---|---|
| 015 **yesterday** [jéstərdi] イェスタディ | 昨日 副 昨日は | yesterday | | |
| 016 **tomorrow** [təmá(:)rou] トゥマ(ー)ロウ | 明日 副 明日は | tomorrow | | |
| 017 **now** [nau] ナウ | 今 副 今，現在は | now | | |
| 018 **hour** [áuər] アウア | 1時間，時刻 | hour | | |
| 019 **minute** [mínit] ミニット | 分 | minute | | |

学習日：　月　日

## 名詞　時間

| | 単語 | 意味 | 1回目 意味を確認してなぞる | 2回目 音声を聞きながら書く | 3回目 発音しながら書く |
|---|---|---|---|---|---|
| 020 | **month** [mʌnθ] マンす | 1カ月，月 | month | | |
| 021 | **year** [jiər] イア | 年，～歳 | year | | |
| 022 | **lunchtime** [lʌ́ntʃtaim] らンチタイム | 昼食時間，ランチタイム | lunchtime | | |

## 学校

| | 単語 | 意味 | 1回目 | 2回目 | 3回目 |
|---|---|---|---|---|---|
| 023 | **homework** [hóumwəːrk] ホウムワ～ク | 宿題 | homework | | |
| 024 | **test** [test] テスト | テスト，試験 | test | | |
| 025 | **class** [klæs] クらス | クラス，学級，授業 | class | | |
| 026 | **classmate** [klǽsmeit] クらスメイト | クラスメート，同級生 | classmate | | |
| 027 | **lesson** [lés(ə)n] れスン | 授業，(教科書などの)課 | lesson | | |
| 028 | **subject** [sʌ́bdʒekt] サブヂェクト | 教科，科目，話題 | subject | | |
| 029 | **math** [mæθ] マす | 数学 | math | | |
| 030 | **science** [sáiəns] サイエンス | 科学，理科 | science | | |

| 単語 | 意味 | 1回目 意味を確認してなぞる | 2回目 音声を聞きながら書く | 3回目 発音しながら書く |
| --- | --- | --- | --- | --- |
| 031 **history** [híst(ə)ri] ヒストリィ | 歴史 | history | | |
| 032 **speech** [spiːtʃ] スピーチ | 話すこと，演説，スピーチ | speech | | |
| 033 **report** [ripɔ́ːrt] リポート | 報告(書)，レポート | report | | |
| 034 **textbook** [tékstbuk] テクストブック | 教科書 | textbook | | |
| 035 **notebook** [nóutbuk] ノウトブック | ノート | notebook | | |
| 036 **page** [peidʒ] ペイヂ | (本の)ページ | page | | |
| 037 **cafeteria** [kæfətí(ə)riə] キャふェティ(ア)リア | カフェテリア，(学校などの)食堂 | cafeteria | | |
| 038 **library** [láibreri] らイブレリィ | 図書館 | library | | |

## Unit 1の復習テスト

| 意味 | ID | 単語を書こう |
| --- | --- | --- |
| 昨日 副 昨日は | 015 | |
| 今 副 今，現在は | 017 | |
| 寝室 | 008 | |
| 絵，写真 | 001 | |
| コンピューター | 002 | |
| 雑誌 | 003 | |
| かぎ | 012 | |
| 1時間，時刻 | 018 | |
| テーブル，食卓 | 005 | |
| ビデオ | 010 | |

| 意味 | ID | 単語を書こう |
| --- | --- | --- |
| ブラシ 動 をみがく | 009 | |
| 分 | 019 | |
| スーツケース | 011 | |
| ペット | 014 | |
| 明日 副 明日は | 016 | |
| 台所 | 006 | |
| 窓 | 013 | |
| 手紙，文字 | 004 | |
| (食事用の)はし | 007 | |

学習日：　月　日

## 名詞　学校

| 単語 | 意味 | 1回目 意味を確認してなぞる | 2回目 音声を聞きながら書く | 3回目 発音しながら書く |
|---|---|---|---|---|
| 039 **gym** [dʒim] ヂム | 体育館 | gym | | |
| 040 **club** [klʌb] クラブ | クラブ，部 | club | | |
| 041 **college** [ká(:)lidʒ] カ(ー)れッヂ | 大学，単科大学 | college | | |
| 042 **university** [jù:nivə́:rsəti] ユーニヴァ～スィティ | (総合)大学 | university | | |
| 043 **course** [kɔ:rs] コース | 進路，科目 | course | | |
| 044 **contest** [ká(:)ntest] カ(ー)ンテスト | 競技会，コンテスト | contest | | |
| 045 **group** [gru:p] グループ | 集団，グループ | group | | |
| 046 **member** [mémbər] メンバァ | 一員，会員，部員 | member | | |

## 町の中

| 単語 | 意味 | 1回目 意味を確認してなぞる | 2回目 音声を聞きながら書く | 3回目 発音しながら書く |
|---|---|---|---|---|
| 047 **park** [pɑ:rk] パーク | 公園，運動場 | park | | |
| 048 **restaurant** [réstərənt] レストラント | レストラン | restaurant | | |
| 049 **store** [stɔ:r] ストー | 店 | store | | |

| 単語 | 意味 | 1回目 意味を確認してなぞる | 2回目 音声を聞きながら書く | 3回目 発音しながら書く |
|---|---|---|---|---|
| 050 **bookstore** [búkstɔːr] ブックストー | 書店 | bookstore | | |
| 051 **museum** [mju(ː)zí(ː)əm] ミュ(ー)ズィ(ー)アム | 博物館，美術館 | museum | | |
| 052 **station** [stéiʃ(ə)n] ステイション | 駅 | station | | |
| 053 **train** [trein] トゥレイン | 列車，電車 | train | | |
| 054 **airport** [éərpɔːrt] エアポート | 空港，飛行場 | airport | | |
| 055 **bike** [baik] バイク | 自転車 | bike | | |
| 056 **street** [striːt] ストゥリート | 通り | street | | |
| 057 **road** [roud] ロウド | 道，道路 | road | | |

## Unit 2の復習テスト

| 意味 | ID | 単語を書こう |
|---|---|---|
| テスト，試験 | 024 | |
| クラスメート，同級生 | 026 | |
| 昼食時間，ランチタイム | 022 | |
| ノート | 035 | |
| 数学 | 029 | |
| 科学，理科 | 030 | |
| カフェテリア，(学校などの)食堂 | 037 | |
| クラス，学級，授業 | 025 | |
| 図書館 | 038 | |
| 教科書 | 034 | |

| 意味 | ID | 単語を書こう |
|---|---|---|
| 話すこと，演説，スピーチ | 032 | |
| (本の)ページ | 036 | |
| 報告(書)，レポート | 033 | |
| 1カ月，月 | 020 | |
| 宿題 | 023 | |
| 教科，科目，話題 | 028 | |
| 授業，(教科書などの)課 | 027 | |
| 歴史 | 031 | |
| 年，～歳 | 021 | |

学習日：　月　日

名詞　町の中

| 単語 | 意味 | 1回目 意味を確認してなぞる | 2回目 音声を聞きながら書く | 3回目 発音しながら書く |
|---|---|---|---|---|
| 058 **place** [pleis] プれイス | 場所 | place | | |
| 059 **hospital** [há(:)spitl] ハ(ー)スピトゥる | 病院 | hospital | | |
| 060 **hotel** [hòutél] ホウテる | ホテル | hotel | | |
| 061 **pool** [pu:l] プーる | プール | pool | | |
| 062 **apartment** [əpá:rtmənt] アパートメント | アパート | apartment | | |
| 063 **garden** [gá:rd(ə)n] ガードゥン | 庭，庭園 | garden | | |
| 064 **zoo** [zu:] ズー | 動物園 | zoo | | |
| 065 **town** [taun] タウン | 町 | town | | |
| 066 **building** [bíldiŋ] ビるディング | 建物，ビル | building | | |
| 067 **company** [kʌ́mp(ə)ni] カンパニィ | 会社 | company | | |
| 068 **office** [á(:)fəs] ア(ー)ふィス | 事務所，会社，役所 | office | | |
| 069 **bank** [bæŋk] バンク | 銀行 | bank | | |

| 単語 | 意味 | 1回目 意味を確認してなぞる | 2回目 音声を聞きながら書く | 3回目 発音しながら書く |
|---|---|---|---|---|
| 070 **ship** [ʃip] シップ | (大型の)船 | ship | | |

## 趣味・休日

| 単語 | 意味 | 1回目 | 2回目 | 3回目 |
|---|---|---|---|---|
| 071 **party** [pá:rti] パーティ | パーティー | party | | |
| 072 **game** [geim] ゲイム | 遊び，ゲーム，試合 | game | | |
| 073 **shopping** [ʃá(:)piŋ] シャ(ー)ピング | 買い物 | shopping | | |
| 074 **present** [préz(ə)nt] プレズント | 贈り物，プレゼント 動 を贈る | present | | |
| 075 **weekend** [wí:kend] ウィーケンド | 週末 | weekend | | |
| 076 **holiday** [há(:)lədei] ハ(ー)りデイ | 祝日，休暇 | holiday | | |

単語編
学校で習う
058〜076

## Unit 3の復習テスト

| 意味 | ID | 単語を書こう |
|---|---|---|
| 駅 | 052 | |
| 博物館，美術館 | 051 | |
| 列車，電車 | 053 | |
| 空港，飛行場 | 054 | |
| 大学，単科大学 | 041 | |
| (総合)大学 | 042 | |
| 進路，科目 | 043 | |
| 通り | 056 | |
| 道，道路 | 057 | |
| 競技会，コンテスト | 044 | |

| 意味 | ID | 単語を書こう |
|---|---|---|
| レストラン | 048 | |
| クラブ，部 | 040 | |
| 集団，グループ | 045 | |
| 書店 | 050 | |
| 自転車 | 055 | |
| 一員，会員，部員 | 046 | |
| 公園，運動場 | 047 | |
| 体育館 | 039 | |
| 店 | 049 | |

学習日：　月　日

## 名詞　趣味・休日

| | 単語 | 意味 | 1回目 意味を確認してなぞる | 2回目 音声を聞きながら書く | 3回目 発音しながら書く |
|---|---|---|---|---|---|
| 077 | **movie** [mú:vi] ムーヴィ | 映画 | movie | | |
| 078 | **program** [próugræm] プロウグラム | 番組，計画 | program | | |
| 079 | **trip** [trip] トゥリップ | (短期間の)旅行 | trip | | |
| 080 | **camera** [kǽm(ə)rə] キャメラ | カメラ | camera | | |
| 081 | **picnic** [píknik] ピクニック | ピクニック，遠足 | picnic | | |
| 082 | **fishing** [fíʃiŋ] ふイッシング | 魚釣り | fishing | | |
| 083 | **camp** [kæmp] キャンプ | キャンプ，キャンプ場 動 キャンプする | camp | | |
| 084 | **hobby** [há(:)bi] ハ(ー)ビィ | 趣味 | hobby | | |

## 身体

| | 単語 | 意味 | 1回目 | 2回目 | 3回目 |
|---|---|---|---|---|---|
| 085 | **face** [feis] ふェイス | 顔 | face | | |
| 086 | **eye** [ai] アイ | 目 | eye | | |
| 087 | **hair** [heər] ヘア | 髪の毛，毛 | hair | | |

| 単語 | 意味 | 1回目 意味を確認してなぞる | 2回目 音声を聞きながら書く | 3回目 発音しながら書く |
|---|---|---|---|---|
| 088 **arm** [ɑːrm] アーム | 腕 | arm | | |
| 089 **fever** [fíːvər] ふィーヴァ | 熱 | fever | | |

## 人・職業

| 単語 | 意味 | 1回目 | 2回目 | 3回目 |
|---|---|---|---|---|
| 090 **job** [dʒɑ(ː)b] ヂャ(ー)ップ | 仕事，職 | job | | |
| 091 **doctor** [dɑ́(ː)ktər] ダ(ー)クタァ | 医者 | doctor | | |
| 092 **dentist** [déntist] デンティスト | 歯科医 | dentist | | |
| 093 **scientist** [sáiəntəst] サイエンティスト | 科学者 | scientist | | |
| 094 **pilot** [páilət] パイろット | パイロット | pilot | | |

## Unit 4の復習テスト

| 意味 | ID | 単語を書こう |
|---|---|---|
| パーティー | 071 | |
| 病院 | 059 | |
| 庭，庭園 | 063 | |
| 贈り物，プレゼント 動 を贈る | 074 | |
| 建物，ビル | 066 | |
| 町 | 065 | |
| 遊び，ゲーム，試合 | 072 | |
| アパート | 062 | |
| 買い物 | 073 | |
| (大型の)船 | 070 | |

| 意味 | ID | 単語を書こう |
|---|---|---|
| 週末 | 075 | |
| プール | 061 | |
| 会社 | 067 | |
| 事務所，会社，役所 | 068 | |
| 銀行 | 069 | |
| 場所 | 058 | |
| 祝日，休暇 | 076 | |
| ホテル | 060 | |
| 動物園 | 064 | |

学習日： 月 日

## 名詞 人・職業

| 単語 | 意味 | 1回目 意味を確認してなぞる | 2回目 音声を聞きながら書く | 3回目 発音しながら書く |
|---|---|---|---|---|
| 095 **actor** [ǽktər] アクタァ | 俳優 | actor | | |
| 096 **volunteer** [vɑ̀(:)ləntíər] ヴァ(ー)らンティア | ボランティア，進んでやる人 | volunteer | | |

## 家族

| 単語 | 意味 | 1回目 | 2回目 | 3回目 |
|---|---|---|---|---|
| 097 **grandmother** [grǽn(d)mʌ̀ðər] グラン(ド)マざァ | 祖母，おばあさん | grandmother | | |
| 098 **grandfather** [grǽn(d)fɑ̀:ðər] グラン(ド)ふァーざァ | 祖父，おじいさん | grandfather | | |
| 099 **parent** [pé(ə)r(ə)nt] ペ(ア)レント | 親，(parentsで)両親 | parent | | |
| 100 **husband** [hʌ́zbənd] ハズバンド | 夫 | husband | | |
| 101 **son** [sʌn] サン | 息子 | son | | |
| 102 **aunt** [ænt] アント | おば | aunt | | |

## 食べ物など

| 単語 | 意味 | 1回目 | 2回目 | 3回目 |
|---|---|---|---|---|
| 103 **food** [fu:d] ふード | 食べ物 | food | | |
| 104 **pizza** [pí:tsə] ピーツァ | ピザ | pizza | | |

| 単語 | 意味 | 1回目 意味を確認してなぞる | 2回目 音声を聞きながら書く | 3回目 発音しながら書く |
|---|---|---|---|---|
| 105 **cheese** [tʃiːz] チーズ | チーズ | cheese | | |
| 106 **soup** [suːp] スープ | スープ | soup | | |
| 107 **salad** [sǽləd] サラッド | サラダ | salad | | |
| 108 **vegetable** [védʒtəbl] ヴェヂタブる | 野菜 | vegetable | | |
| 109 **toast** [toust] トウスト | トースト | toast | | |
| 110 **hamburger** [hǽmbəːrgər] ハンバ〜ガァ | ハンバーガー | hamburger | | |
| 111 **pancake** [pǽnkeik] パンケイク | パンケーキ | pancake | | |
| 112 **chocolate** [tʃɔ́ːklət] チョークれット | チョコレート | chocolate | | |



## Unit 5の復習テスト

| 意味 | ID | 単語を書こう |
|---|---|---|
| 仕事，職 | 090 | |
| 映画 | 077 | |
| 趣味 | 084 | |
| カメラ | 080 | |
| 歯科医 | 092 | |
| 熱 | 089 | |
| 腕 | 088 | |
| 髪の毛，毛 | 087 | |
| 医者 | 091 | |

| 意味 | ID | 単語を書こう |
|---|---|---|
| 顔 | 085 | |
| パイロット | 094 | |
| 魚釣り | 082 | |
| 科学者 | 093 | |
| 番組，計画 | 078 | |
| 目 | 086 | |
| キャンプ(場) 動 キャンプする | 083 | |
| (短期間の)旅行 | 079 | |
| ピクニック，遠足 | 081 | |

学習日：　　月　　日

## 名詞　食べ物など

| | 単語 | 意味 | 1回目 意味を確認してなぞる | 2回目 音声を聞きながら書く | 3回目 発音しながら書く |
|---|---|---|---|---|---|
| 113 | **coffee** [kɔ́(:)fi] コ(ー)ふィ | コーヒー | coffee | | |
| 114 | **juice** [dʒu:s] ヂュース | ジュース | juice | | |
| 115 | **popcorn** [pá(:)pkɔ:rn] パ(ー)ップコーン | ポップコーン | popcorn | | |
| 116 | **menu** [ménju:] メニュー | メニュー | menu | | |
| 117 | **dish** [diʃ] ディッシ | 皿，料理 | dish | | |

## 自然・生き物

| | 単語 | 意味 | 1回目 | 2回目 | 3回目 |
|---|---|---|---|---|---|
| 118 | **weather** [wéðər] ウェざァ | 天気，天候 | weather | | |
| 119 | **rain** [rein] レイン | 雨　動 雨が降る | rain | | |
| 120 | **water** [wɔ́:tər] ウォータァ | 水 | water | | |
| 121 | **river** [rívər] リヴァ | 川，河 | river | | |
| 122 | **beach** [bi:tʃ] ビーチ | 浜，海辺 | beach | | |
| 123 | **mountain** [máunt(ə)n] マウントゥン | 山，(mountainsで)山脈 | mountain | | |

| 単語 | 意味 | 1回目 意味を確認してなぞる | 2回目 音声を聞きながら書く | 3回目 発音しながら書く |
|---|---|---|---|---|
| 124 **star** [stɑːr] スター | 星 | star | | |
| 125 **flower** [fláuər] ふらウア | 花 | flower | | |
| 126 **rose** [rouz] ロウズ | バラ | rose | | |
| 127 **animal** [ǽnim(ə)l] アニマる | 動物 | animal | | |

## 音楽

| 単語 | 意味 | 1回目 | 2回目 | 3回目 |
|---|---|---|---|---|
| 128 **practice** [prǽktis] プラクティス | 練習<br>動 (を)練習する | practice | | |
| 129 **guitar** [gitɑ́ːr] ギター | ギター | guitar | | |
| 130 **violin** [vàiəlín] ヴァイオリン | バイオリン | violin | | |

## Unit 6の復習テスト

| 意味 | ID | 単語を書こう |
|---|---|---|
| 祖母，おばあさん | 097 | |
| スープ | 106 | |
| おば | 102 | |
| 祖父，おじいさん | 098 | |
| パンケーキ | 111 | |
| 食べ物 | 103 | |
| ボランティア，進んでやる人 | 096 | |
| チョコレート | 112 | |
| トースト | 109 | |

| 意味 | ID | 単語を書こう |
|---|---|---|
| チーズ | 105 | |
| 俳優 | 095 | |
| 親，両親 | 099 | |
| ハンバーガー | 110 | |
| サラダ | 107 | |
| 野菜 | 108 | |
| 息子 | 101 | |
| ピザ | 104 | |
| 夫 | 100 | |

学習日：　月　日

## 名詞　音楽

| 単語 | 意味 | 1回目 意味を確認してなぞる | 2回目 音声を聞きながら書く | 3回目 発音しながら書く |
|---|---|---|---|---|
| 131 **sound** [saund] サウンド | 音 動 (～のように)聞こえる | sound | | |
| 132 **concert** [ká(:)nsərt] カ(ー)ンサト | 音楽会，コンサート | concert | | |
| 133 **musical** [mjú:zik(ə)l] ミューズィカる | ミュージカル 形 音楽の | musical | | |

## 衣服・色など

| 単語 | 意味 | 1回目 | 2回目 | 3回目 |
|---|---|---|---|---|
| 134 **shirt** [ʃə:rt] シャ～ト | ワイシャツ，シャツ | shirt | | |
| 135 **dress** [dres] ドゥレス | ドレス，服装 | dress | | |
| 136 **color** [kʌ́lər] カらァ | 色 動 に色をつける | color | | |
| 137 **purple** [pə́:rpl] パ～プる | 紫色　形 紫色の | purple | | |

## 国・地域

| 単語 | 意味 | 1回目 | 2回目 | 3回目 |
|---|---|---|---|---|
| 138 **Japan** [dʒəpǽn] ヂャパン | 日本 | Japan | | |
| 139 **Spain** [spein] スペイン | スペイン | Spain | | |
| 140 **England** [íŋglənd] イングらンド | イングランド | England | | |

| 単語 | 意味 | 1回目 意味を確認してなぞる | 2回目 音声を聞きながら書く | 3回目 発音しながら書く |
|---|---|---|---|---|
| 141 **Africa** [ǽfrikə] アふリカ | アフリカ | Africa | | |
| 142 **India** [índiə] インディア | インド | India | | |



## スポーツ

| 単語 | 意味 | 1回目 意味を確認してなぞる | 2回目 音声を聞きながら書く | 3回目 発音しながら書く |
|---|---|---|---|---|
| 143 **soccer** [sá(:)kər] サ(ー)カァ | サッカー | soccer | | |
| 144 **basketball** [bǽskətbɔ:l] バスケットボーる | バスケットボール，バスケットボールのボール | basketball | | |
| 145 **volleyball** [vá(:)libɔ:l] ヴァ(ー)りボーる | バレーボール，バレーボールのボール | volleyball | | |
| 146 **badminton** [bǽdmint(ə)n] バドミントゥン | バドミントン | badminton | | |
| 147 **racket** [rǽkət] ラケット | (テニスなどの)ラケット | racket | | |

## Unit 7の復習テスト

| 意味 | ID | 単語を書こう |
|---|---|---|
| コーヒー | 113 | |
| バラ | 126 | |
| ジュース | 114 | |
| メニュー | 116 | |
| ギター | 129 | |
| 花 | 125 | |
| 山，山脈 | 123 | |
| 雨 動 雨が降る | 119 | |
| バイオリン | 130 | |

| 意味 | ID | 単語を書こう |
|---|---|---|
| 動物 | 127 | |
| 天気，天候 | 118 | |
| ポップコーン | 115 | |
| 皿，料理 | 117 | |
| 川，河 | 121 | |
| 水 | 120 | |
| 練習 動 (を)練習する | 128 | |
| 星 | 124 | |
| 浜，海辺 | 122 | |

学習日：　　月　　日

## 名詞　スポーツ

| 単語 | 意味 | 1回目 意味を確認してなぞる | 2回目 音声を聞きながら書く | 3回目 発音しながら書く |
|---|---|---|---|---|
| 148 **jogging** [dʒɑ́(:)giŋ] チャ(ー)ギング | ジョギング | jogging | | |
| 149 **goal** [goul] ゴウる | (サッカーなどの)ゴール，(ゴールに入れた)得点，目標 | goal | | |

## その他

| 単語 | 意味 | 1回目 意味を確認してなぞる | 2回目 音声を聞きながら書く | 3回目 発音しながら書く |
|---|---|---|---|---|
| 150 **kind** [kaind] カインド | 種類 | kind | | |
| 151 **e-mail** [í:meil] イーメイる | 電子メール，Eメール | e-mail | | |
| 152 **information** [ìnfərméiʃ(ə)n] インふォメイション | 情報 | information | | |
| 153 **thing** [θiŋ] すィング | 物，こと | thing | | |
| 154 **story** [stɔ́:ri] ストーリィ | 物語，話 | story | | |
| 155 **word** [wə:rd] ワ～ド | 語，単語，言葉 | word | | |
| 156 **future** [fjú:tʃər] ふューチャ | (ふつうthe futureで)未来，将来 | future | | |
| 157 **cell phone** [sél foun] セる ふォウン | 携帯電話 | cell phone | | |
| 158 **event** [ivént] イヴェント | 行事，できごと | event | | |

| 単語 | 意味 | 1回目 意味を確認してなぞる | 2回目 音声を聞きながら書く | 3回目 発音しながら書く |
|---|---|---|---|---|
| 159 **culture** [kʌ́ltʃər] カるチャ | 文化 | culture | | |
| 160 **center** [séntər] センタァ | 中心，中央 | center | | |
| 161 **meeting** [mí:tiŋ] ミーティング | 会，会議 | meeting | | |
| 162 **ticket** [tíkət] ティケット | 切符，チケット | ticket | | |
| 163 **sale** [seil] セイる | 販売，特売，バーゲンセール | sale | | |
| 164 **money** [mʌ́ni] マニィ | お金 | money | | |
| 165 **line** [lain] らイン | 線，行列，(電車などの)路線 | line | | |
| 166 **end** [end] エンド | 終わり | end | | |



## Unit 8の復習テスト

| 意味 | ID | 単語を書こう |
|---|---|---|
| インド | 142 | |
| 音楽会，コンサート | 132 | |
| バスケットボール(のボール) | 144 | |
| 音 動 (～のように)聞こえる | 131 | |
| (テニスなどの)ラケット | 147 | |
| アフリカ | 141 | |
| ミュージカル 形 音楽の | 133 | |
| 紫色 形 紫色の | 137 | |
| ドレス，服装 | 135 | |

| 意味 | ID | 単語を書こう |
|---|---|---|
| サッカー | 143 | |
| 日本 | 138 | |
| 色 動 に色をつける | 136 | |
| バドミントン | 146 | |
| バレーボール(のボール) | 145 | |
| スペイン | 139 | |
| ワイシャツ，シャツ | 134 | |
| イングランド | 140 | |

# Unit 10 167~185

## 名詞 その他

| 単語 | 意味 | 1回目 意味を確認してなぞる | 2回目 音声を聞きながら書く | 3回目 発音しながら書く |
|---|---|---|---|---|
| 167 **front** [frʌnt] ふラント | 正面，前面 | front | | |
| 168 **way** [wei] ウェイ | 道，方向，方法 | way | | |
| 169 **race** [reis] レイス | レース，競走<br>動 競走する | race | | |
| 170 **plan** [plæn] プラン | 計画<br>動 (を)計画する | plan | | |
| 171 **fun** [fʌn] ふアン | 楽しみ | fun | | |
| 172 **example** [igzǽmpl] イグザンプる | 例 | example | | |
| 173 **postcard** [póus(t)kɑːrd] ポウス(ト)カード | はがき | postcard | | |
| 174 **poster** [póustər] ポウスタァ | ポスター | poster | | |
| 175 **robot** [róubɑ(:)t] ロウバ(ー)ット | ロボット | robot | | |

## 動詞 動詞

| 単語 | 意味 | 1回目 | 2回目 | 3回目 |
|---|---|---|---|---|
| 176 **go** [gou] ゴウ | 行く，進む | go | | |
| 177 **like** [laik] らイク | が好きである，を好む | like | | |

| 単語 | 意味 | 1回目 意味を確認してなぞる | 2回目 音声を聞きながら書く | 3回目 発音しながら書く |
|---|---|---|---|---|
| 178 **buy** [bai] バイ | を買う | buy | | |
| 179 **get** [get] ゲット | を手に入れる | get | | |
| 180 **visit** [vízət] ヴィズィット | (を)訪問する，(を)訪れる 名 訪問，見学 | visit | | |
| 181 **come** [kʌm] カム | 来る，(相手のほうへ)行く | come | | |
| 182 **see** [siː] スィー | (が)見える，に会う | see | | |
| 183 **take** [teik] テイク | を取る，(乗り物)に乗る，を持っていく，を連れていく | take | | |
| 184 **make** [meik] メイク | を作る | make | | |
| 185 **look** [luk] るック | (注意して)見る | look | | |

## Unit 9の復習テスト

| 意味 | ID | 単語を書こう |
|---|---|---|
| 中心，中央 | 160 | |
| ジョギング | 148 | |
| 携帯電話 | 157 | |
| 種類 | 150 | |
| 販売，特売，バーゲンセール | 163 | |
| 情報 | 152 | |
| 会，会議 | 161 | |
| 物，こと | 153 | |
| 切符，チケット | 162 | |
| お金 | 164 | |

| 意味 | ID | 単語を書こう |
|---|---|---|
| 終わり | 166 | |
| 語，単語，言葉 | 155 | |
| 物語，話 | 154 | |
| 線，行列，(電車などの)路線 | 165 | |
| 電子メール，Eメール | 151 | |
| 未来，将来 | 156 | |
| 行事，できごと | 158 | |
| ゴール，得点，目標 | 149 | |
| 文化 | 159 | |

学習日：　　月　　日

動詞　動詞

| 単語 | 意味 | 1回目 意味を確認してなぞる | 2回目 音声を聞きながら書く | 3回目 発音しながら書く |
|---|---|---|---|---|
| 186 **watch** [wɑ(:)tʃ] ワ(ー)ッチ | (を)じっと見る 名 腕時計 | watch | | |
| 187 **meet** [mi:t] ミート | (に)会う | meet | | |
| 188 **talk** [tɔ:k] トーク | (を)話す | talk | | |
| 189 **say** [sei] セイ | (と)言う，話す | say | | |
| 190 **tell** [tel] テる | (を)話す，言う | tell | | |
| 191 **speak** [spi:k] スピーク | (を)話す，演説する | speak | | |
| 192 **listen** [lís(ə)n] りスン | (注意して)聞く | listen | | |
| 193 **hear** [hiər] ヒア | が聞こえる | hear | | |
| 194 **ask** [æsk] アスク | (を)たずねる，質問する，(を)頼む | ask | | |
| 195 **answer** [ænsər] アンサァ | (に)答える，(電話・訪問)(に)応じる 名 答え | answer | | |
| 196 **stay** [stei] ステイ | とどまる，泊まる，滞在する 名 滞在 | stay | | |
| 197 **live** [liv] りヴ | 住む，暮らす | live | | |

| 単語 | 意味 | 1回目 意味を確認してなぞる | 2回目 音声を聞きながら書く | 3回目 発音しながら書く |
|---|---|---|---|---|
| 198 **wake** [weik] ウェイク | 目が覚める，を起こす | wake | | |
| 199 **work** [wəːrk] ワ～ク | 働く，勉強する 名 仕事，勉強，作品 | work | | |
| 200 **eat** [iːt] イート | (を)食べる | eat | | |
| 201 **drink** [driŋk] ドゥリンク | (を)飲む 名 飲み物 | drink | | |
| 202 **give** [giv] ギヴ | を与える，をあげる | give | | |
| 203 **bring** [briŋ] ブリング | を持ってくる，を連れてくる | bring | | |
| 204 **love** [lʌv] らヴ | を愛する，が大好きである 名 愛 | love | | |
| 205 **find** [faind] ふァインド | を見つける | find | | |

## Unit 10の復習テスト

| 意味 | ID | 単語を書こう |
|---|---|---|
| 正面，前面 | 167 | |
| (注意して)見る | 185 | |
| はがき | 173 | |
| ポスター | 174 | |
| ロボット | 175 | |
| を取る，(乗り物)に乗る | 183 | |
| 楽しみ | 171 | |
| レース，競走 動 競走する | 169 | |
| 例 | 172 | |
| 道，方向，方法 | 168 | |

| 意味 | ID | 単語を書こう |
|---|---|---|
| 計画 動 (を)計画する | 170 | |
| (を)訪問する 名 訪問 | 180 | |
| (が)見える，に会う | 182 | |
| が好きである，を好む | 177 | |
| を手に入れる | 179 | |
| を買う | 178 | |
| 行く，進む | 176 | |
| 来る，(相手のほうへ)行く | 181 | |
| を作る | 184 | |

学習日：　月　日

## 動詞　動詞

| 単語 | 意味 | 1回目 意味を確認してなぞる | 2回目 音声を聞きながら書く | 3回目 発音しながら書く |
|---|---|---|---|---|
| 206 **need** [ni:d] ニード | を必要とする | need | | |
| 207 **feel** [fi:l] ふィーる | (を)感じる，(と)思う | feel | | |
| 208 **enjoy** [indʒɔ́i] インヂョイ | を楽しむ | enjoy | | |
| 209 **finish** [fíniʃ] ふィニッシ | を終える，終わる | finish | | |
| 210 **lose** [lu:z] るーズ | をなくす，(に)負ける | lose | | |
| 211 **write** [rait] ライト | (を)書く，(に)手紙を書く | write | | |
| 212 **forget** [fərgét] ふォゲット | (を)忘れる | forget | | |
| 213 **swim** [swim] スウィム | 泳ぐ 名 泳ぐこと，水泳 | swim | | |
| 214 **read** [ri:d] リード | (を)読む | read | | |
| 215 **paint** [peint] ペイント | (絵の具で)をかく，にペンキをぬる | paint | | |
| 216 **cut** [kʌt] カット | を切る | cut | | |
| 217 **run** [rʌn] ラン | 走る | run | | |

| 単語 | 意味 | 1回目 意味を確認してなぞる | 2回目 音声を聞きながら書く | 3回目 発音しながら書く |
|---|---|---|---|---|
| 218 **call** [kɔːl] コール | (を)呼ぶ，(に)電話する 名 電話をかけること | call | | |
| 219 **drive** [draiv] ドゥライヴ | (自動車など)を運転する 名 ドライブ | drive | | |
| 220 **ride** [raid] ライド | (に)乗る 名 乗ること | ride | | |
| 221 **join** [dʒɔin] ヂョイン | (に)加わる，参加する | join | | |
| 222 **invite** [inváit] インヴァイト | を招待する | invite | | |
| 223 **know** [nou] ノウ | (を)知っている | know | | |
| 224 **show** [ʃou] ショウ | を見せる 名 展示会，ショー | show | | |
| 225 **wash** [wɑ(ː)ʃ] ワ(ー)ッシ | (を)洗う | wash | | |

## Unit 11の復習テスト

| 意味 | ID | 単語を書こう |
|---|---|---|
| (を)食べる | 200 | |
| 目が覚める，を起こす | 198 | |
| 働く，勉強する 名 仕事 | 199 | |
| (を)話す，演説する | 191 | |
| (に)会う | 187 | |
| (を)話す，言う | 190 | |
| 住む，暮らす | 197 | |
| を愛する，が大好きである 名 愛 | 204 | |
| (を)話す | 188 | |
| を見つける | 205 | |

| 意味 | ID | 単語を書こう |
|---|---|---|
| (注意して)聞く | 192 | |
| を持ってくる，を連れてくる | 203 | |
| が聞こえる | 193 | |
| (と)言う，話す | 189 | |
| を与える，をあげる | 202 | |
| とどまる，泊まる 名 滞在 | 196 | |
| (を)飲む 名 飲み物 | 201 | |
| (を)じっと見る 名 腕時計 | 186 | |
| (に)答える 名 答え | 195 | |
| (を)たずねる，質問する | 194 | |

学習日：　　月　　日

動詞

| 単語 | 意味 | 1回目 意味を確認してなぞる | 2回目 音声を聞きながら書く | 3回目 発音しながら書く |
|---|---|---|---|---|
| 226 **teach** [tiːtʃ] ティーチ | (を)教える | teach | | |
| 227 **think** [θiŋk] スィンク | (と)思う，考える | think | | |
| 228 **hope** [houp] ホウプ | を望む，(～だと)いいと思う | hope | | |
| 229 **worry** [wə́ːri] ワ～リィ | 心配する，を心配させる | worry | | |
| 230 **try** [trai] トゥライ | をためす，(～しようと)努力する 名 試み | try | | |
| 231 **hurry** [hə́ːri] ハ～リィ | 急ぐ，を急がせる 名 急ぎ | hurry | | |
| 232 **arrive** [əráiv] アライヴ | 着く，到着する | arrive | | |
| 233 **wear** [weər] ウェア | を着ている，を身につけている 名 衣服 | wear | | |
| 234 **change** [tʃeindʒ] チェインヂ | を変える，変わる 名 変化，おつり | change | | |
| 235 **become** [bikʌ́m] ビカム | になる | become | | |
| 236 **catch** [kætʃ] キャッチ | をつかまえる | catch | | |
| 237 **put** [put] プット | を置く | put | | |

| 単語 | 意味 | 1回目 意味を確認してなぞる | 2回目 音声を聞きながら書く | 3回目 発音しながら書く |
|---|---|---|---|---|
| 238 **order** [ɔ́ːrdər] オーダァ | を注文する 名 注文 | order | | |
| 239 **sell** [sel] セる | を売る | sell | | |
| 240 **stop** [stɑ(ː)p] スタ(ー)ップ | をやめる，止まる 名 中止，停留所 | stop | | |
| 241 **sing** [siŋ] スィング | (を)歌う | sing | | |
| 242 **break** [breik] ブレイク | をこわす，を折る，こわれる 名 休憩 | break | | |
| 243 **fall** [fɔːl] ふォーる | 落ちる，転ぶ 名 落ちること，秋 | fall | | |
| 244 **turn** [təːrn] ターン | をまわす，まわる 名 回転，順番 | turn | | |

単語編

学校で習う

226 ～ 244

## Unit 12の復習テスト

| 意味 | ID | 単語を書こう |
|---|---|---|
| を楽しむ | 208 | |
| (に)乗る 名 乗ること | 220 | |
| (を)知っている | 223 | |
| をなくす，(に)負ける | 210 | |
| (絵の具で)をかく，にペンキをぬる | 215 | |
| (に)加わる，参加する | 221 | |
| (を)忘れる | 212 | |
| を切る | 216 | |
| を招待する | 222 | |
| (を)書く，(に)手紙を書く | 211 | |
| (を)洗う | 225 | |
| (を)感じる，(と)思う | 207 | |
| を終える，終わる | 209 | |
| を運転する 名 ドライブ | 219 | |
| (を)呼ぶ，(に)電話する | 218 | |
| を見せる 名 展示会，ショー | 224 | |
| 泳ぐ 名 泳ぐこと，水泳 | 213 | |
| (を)読む | 214 | |
| 走る | 217 | |
| を必要とする | 206 | |

学習日：　　月　　日

## 形容詞

形容詞

| 単語 | 意味 | 1回目 意味を確認してなぞる | 2回目 音声を聞きながら書く | 3回目 発音しながら書く |
|---|---|---|---|---|
| 245 **last** [læst] らスト | 最後の，この前の 副 最後に，この前 | last | | |
| 246 **first** [fəːrst] ふァ～スト | 第1の，最初の 副 第1に，最初に | first | | |
| 247 **good** [gud] グッド | よい，おいしい，親切な，楽しい，じょうずな | good | | |
| 248 **bad** [bæd] バッド | 悪い | bad | | |
| 249 **late** [leit] れイト | (時間・時期が)遅い，遅れた 副 遅く，遅れて | late | | |
| 250 **early** [ə́ːrli] ア～りィ | 早い，初期の 副 早く | early | | |
| 251 **fast** [fæst] ふァスト | 速い 副 速く | fast | | |
| 252 **slow** [slou] スろウ | 遅い，のろい 副 ゆっくりと | slow | | |
| 253 **favorite** [féiv(ə)rət] ふェイヴ(ァ)リット | 大好きな，お気に入りの 名 お気に入り | favorite | | |
| 254 **happy** [hǽpi] ハピィ | 幸福な，楽しい，うれしい | happy | | |
| 255 **lucky** [lʌ́ki] らキィ | 運のよい，幸運な | lucky | | |
| 256 **free** [friː] ふリー | 自由な，ひまな，無料の | free | | |

| 単語 | 意味 | 1回目 意味を確認してなぞる | 2回目 音声を聞きながら書く | 3回目 発音しながら書く |
|---|---|---|---|---|
| 257 **next** [nekst] ネクスト | 次の，今度の 副 次に | next | | |
| 258 **all** [ɔːl] オール | すべての 代 すべてのもの | all | | |
| 259 **half** [hæf] ハふ | 半分の 名 半分，2分の1 | half | | |
| 260 **fine** [fain] ふァイン | すばらしい，晴れた，健康で | fine | | |
| 261 **sick** [sik] スィック | 病気の，病気で | sick | | |
| 262 **hungry** [hʌ́ŋgri] ハングリィ | 空腹の，おなかがすいた | hungry | | |
| 263 **sorry** [sɑ́(ː)ri] サ(ー)リィ | すまないと思って，気の毒で | sorry | | |
| 264 **near** [niər] ニア | (距離・時間が)近い 副 近くに | near | | |

## Unit 13の復習テスト

| 意味 | ID | 単語を書こう |
|---|---|---|
| を売る | 239 | |
| をこわす，を折る，こわれる | 242 | |
| 急ぐ，を急がせる 名 急ぎ | 231 | |
| をためす，(～しようと)努力する | 230 | |
| をやめる，止まる 名 中止 | 240 | |
| を望む，(～だと)いいと思う | 228 | |
| (を)教える | 226 | |
| 落ちる，転ぶ 名 秋 | 243 | |
| をつかまえる | 236 | |
| を着ている 名 衣服 | 233 | |

| 意味 | ID | 単語を書こう |
|---|---|---|
| 着く，到着する | 232 | |
| (を)歌う | 241 | |
| (と)思う，考える | 227 | |
| を注文する 名 注文 | 238 | |
| 心配する，を心配させる | 229 | |
| を変える，変わる 名 変化 | 234 | |
| をまわす，まわる 名 回転 | 244 | |
| を置く | 237 | |
| になる | 235 | |

学習日： 月 日

## 形容詞 形容詞

| 単語 | 意味 | 1回目 意味を確認してなぞる | 2回目 音声を聞きながら書く | 3回目 発音しながら書く |
|---|---|---|---|---|
| 265 **ready** [rédi] レディ | 用意ができて | ready | | |
| 266 **open** [óup(ə)n] オウプン | 開いた<br>動 を開ける，開く | open | | |
| 267 **famous** [féiməs] ふェイマス | 有名な | famous | | |
| 268 **popular** [pá(:)pjulər] パ(ー)ピュらァ | 人気のある，<br>流行の | popular | | |
| 269 **small** [smɔ:l] スモーる | 小さい | small | | |
| 270 **short** [ʃɔ:rt] ショート | 短い，背の低い | short | | |
| 271 **beautiful** [bjú:təf(ə)l] ビューティふる | 美しい，<br>すばらしい | beautiful | | |
| 272 **cute** [kju:t] キュート | かわいい | cute | | |
| 273 **sunny** [sʌ́ni] サニィ | 太陽の照っている | sunny | | |
| 274 **cloudy** [kláudi] クらウディ | くもった | cloudy | | |
| 275 **snowy** [snóui] スノウイ | 雪の降る，<br>雪の積もった | snowy | | |
| 276 **warm** [wɔ:rm] ウォーム | 暖かい | warm | | |

| 単語 | 意味 | 1回目 意味を確認してなぞる | 2回目 音声を聞きながら書く | 3回目 発音しながら書く |
|---|---|---|---|---|
| 277 **quiet** [kwáiət] クワイエット | 静かな | quiet | | |
| 278 **dark** [dɑːrk] ダーク | 暗い，(色が)濃い，黒っぽい | dark | | |
| 279 **interesting** [ínt(ə)rəstiŋ] インタレスティング | おもしろい，興味深い | interesting | | |
| 280 **special** [spéʃ(ə)l] スペシャる | 特別の | special | | |
| 281 **useful** [júːsf(ə)l] ユースふる | 役に立つ | useful | | |
| 282 **careful** [kéərfəl] ケアふる | 注意深い | careful | | |
| 283 **difficult** [dífik(ə)lt] ディふィクるト | 難しい | difficult | | |
| 284 **hard** [hɑːrd] ハード | 難しい，かたい，熱心な 副 一生けんめいに，激しく | hard | | |

## Unit 14の復習テスト

| 意味 | ID | 単語を書こう |
|---|---|---|
| よい，おいしい，親切な，楽しい，じょうずな | 247 | |
| 遅い 副 遅く | 249 | |
| 病気の，病気で | 261 | |
| 運のよい，幸運な | 255 | |
| 大好きな，お気に入りの | 253 | |
| 次の，今度の 副 次に | 257 | |
| 遅い，のろい 副 ゆっくりと | 252 | |
| 早い，初期の 副 早く | 250 | |
| 幸福な，楽しい，うれしい | 254 | |
| 空腹の，おなかがすいた | 262 | |

| 意味 | ID | 単語を書こう |
|---|---|---|
| 速い 副 速く | 251 | |
| 最後の 副 最後に | 245 | |
| 半分の 名 半分，2分の1 | 259 | |
| すばらしい，晴れた，健康で | 260 | |
| 悪い | 248 | |
| すべての 代 すべてのもの | 258 | |
| 自由な，ひまな，無料の | 256 | |
| (距離・時間が)近い 副 近くに | 264 | |
| すまないと思って，気の毒で | 263 | |
| 第1の 副 第1に | 246 | |

学習日：　　月　　日

## 形容詞　形容詞

| 単語 | 意味 | 1回目 意味を確認してなぞる | 2回目 音声を聞きながら書く | 3回目 発音しながら書く |
|---|---|---|---|---|
| 285 **expensive** [ikspénsiv] イクスペンスィヴ | 高価な | expensive | | |
| 286 **delicious** [dilíʃəs] ディリシャス | 非常においしい | delicious | | |
| 287 **own** [oun] オウン | 自分自身の | own | | |
| 288 **other** [ʌ́ðər] アざァ | 他の，別の 代 他の物，他の人 | other | | |
| 289 **different** [díf(ə)r(ə)nt] ディふ(ァ)レント | ちがった，異なる，いろいろな | different | | |
| 290 **dear** [diər] ディア | いとしい，親愛なる，(手紙の書き出しで)～様 | dear | | |

## 副詞　副詞

| 単語 | 意味 | 1回目 | 2回目 | 3回目 |
|---|---|---|---|---|
| 291 **so** [sou] ソウ | とても，そのように 接 それで，だから | so | | |
| 292 **really** [ríː(ə)li] リー(ア)リィ | 本当に，(日常会話で)まさか | really | | |
| 293 **often** [ɔ́(ː)f(ə)n] オ(ー)ふン | たびたび，よく | often | | |
| 294 **back** [bæk] バック | 後ろへ，後ろに，もとの所へ 形 後ろの 名 背中，後ろ | back | | |
| 295 **soon** [suːn] スーン | まもなく，すぐに | soon | | |

| 単語 | 意味 | 1回目 意味を確認してなぞる | 2回目 音声を聞きながら書く | 3回目 発音しながら書く |
|---|---|---|---|---|
| 296 **together** [təgéðər] トゥゲざァ | いっしょに，ともに | together | | |
| 297 **usually** [júːʒu(ə)li] ユージュ(ア)りィ | いつもは，ふつう | usually | | |
| 298 **tonight** [tənáit] トゥナイト | 今夜(は) 名 今夜 | tonight | | |
| 299 **once** [wʌns] ワンス | 1度，1回，かつて | once | | |
| 300 **again** [əgén] アゲン | ふたたび，また | again | | |
| 301 **just** [dʒʌst] ヂャスト | ちょうど，ほんの | just | | |
| 302 **only** [óunli] オウンりィ | ただ～だけ 形 ただ1つの，ただ1人の | only | | |
| 303 **there** [ðeər] ぜア | そこに，そこで，そこへ，(There is ～ / There are ～で) ～がある，～がいる | there | | |

## Unit 15の復習テスト

| 意味 | ID | 単語を書こう |
|---|---|---|
| 静かな | 277 | |
| 特別の | 280 | |
| 雪の降る，雪の積もった | 275 | |
| 太陽の照っている | 273 | |
| 暖かい | 276 | |
| 小さい | 269 | |
| 用意ができて | 265 | |
| 注意深い | 282 | |
| おもしろい，興味深い | 279 | |
| 人気のある，流行の | 268 | |

| 意味 | ID | 単語を書こう |
|---|---|---|
| くもった | 274 | |
| 難しい | 283 | |
| 役に立つ | 281 | |
| 暗い，(色が)濃い，黒っぽい | 278 | |
| 難しい，かたい，熱心な | 284 | |
| かわいい | 272 | |
| 美しい，すばらしい | 271 | |
| 短い，背の低い | 270 | |
| 有名な | 267 | |
| 開いた 動 を開ける，開く | 266 | |

# Unit 17 304~320

学習日：　月　日

## 副詞　副詞

| 単語 | 意味 | 1回目 意味を確認してなぞる | 2回目 音声を聞きながら書く | 3回目 発音しながら書く |
|---|---|---|---|---|
| 304 **still** [stil] スティる | 今でも，まだ | still | | |
| 305 **when** [(h)wen] (フ)ウェン | いつ<br>接 ～するときに | when | | |
| 306 **also** [ɔ́:lsou] オーるソウ | ～もまた | also | | |
| 307 **maybe** [méibi(:)] メイビ(ー) | たぶん，<br>ひょっとすると | maybe | | |
| 308 **later** [léitər] れイタァ | もっと遅く，後で | later | | |
| 309 **easily** [í:zili] イーズィりィ | 簡単に，楽々と | easily | | |
| 310 **away** [əwéi] アウェイ | 離れて，あちらへ，<br>留守で<br>形 遠征先での | away | | |
| 311 **off** [ɔ(:)f] オ(ー)ふ | 離れて，去って，<br>脱いで<br>前 ～から離れて | off | | |
| 312 **out** [aut] アウト | 外へ，外に，<br>不在で | out | | |

## その他　前置詞

| 単語 | 意味 | 1回目 | 2回目 | 3回目 |
|---|---|---|---|---|
| 313 **at** [æt] アット | ①(場所・位置を示して)～で，～に<br>②(時間を示して)～に | at | | |
| 314 **in** [in] イン | ①(場所・位置を示して)～の中に[で，の]<br>②(時間を示して)～に | in | | |

| 単語 | 意味 | 1回目 意味を確認してなぞる | 2回目 音声を聞きながら書く | 3回目 発音しながら書く |
|---|---|---|---|---|
| 315 **for** [fɔːr] ふォー | ①〜のために ②(期間を表して)〜の間 | for | | |
| 316 **on** [ɑ(ː)n] ア(ー)ン | ①〜の上に ②(日時を表して)〜に ③(状態)〜中で | on | | |
| 317 **of** [ʌv] アヴ | ①(所有・所属を表して)〜の ②(部分を示して)〜の中の[で] | of | | |
| 318 **about** [əbáut] アバウト | 〜について(の) 副 およそ，約 | about | | |
| 319 **with** [wið] ウィず | ①〜といっしょに ②(道具・手段・材料を示して)〜で，〜を使って | with | | |
| 320 **after** [ǽftər] アふタァ | 〜の後に 接 〜した後で | after | | |

## Unit 16の復習テスト

| 意味 | ID | 単語を書こう |
|---|---|---|
| 他の，別の 代 他の物[人] | 288 | |
| たびたび，よく | 293 | |
| 自分自身の | 287 | |
| ただ〜だけ 形 ただ1つの | 302 | |
| いとしい，親愛なる，〜様 | 290 | |
| ちがった，異なる，いろいろな | 289 | |
| 非常においしい | 286 | |
| とても 接 それで，だから | 291 | |
| ふたたび，また | 300 | |
| 本当に，まさか | 292 | |

| 意味 | ID | 単語を書こう |
|---|---|---|
| 高価な | 285 | |
| 今夜(は) 名 今夜 | 298 | |
| そこに，そこで，〜がある | 303 | |
| いつもは，ふつう | 297 | |
| まもなく，すぐに | 295 | |
| いっしょに，ともに | 296 | |
| ちょうど，ほんの | 301 | |
| 1度，1回，かつて | 299 | |
| 後ろへ[に]，もとの所へ | 294 | |

学習日：　月　日

## その他　前置詞

| 単語 | 意味 | 1回目 意味を確認してなぞる | 2回目 音声を聞きながら書く | 3回目 発音しながら書く |
|---|---|---|---|---|
| 321 **by** [bai] バイ | ～のそばに，～によって，～までに(は) | by | | |
| 322 **under** [ʌ́ndər] アンダァ | ～の下に[を]，～未満の | under | | |
| 323 **over** [óuvər] オウヴァ | ～の上に，～を越えて 副 上方に | over | | |
| 324 **around** [əráund] アラウンド | ～のまわりを[に]，～中を 副 まわりを[に] | around | | |
| 325 **beside** [bisáid] ビサイド | ～のそばに | beside | | |
| 326 **between** [bitwí:n] ビトゥウィーン | ～の間に，～の間で，～の間の | between | | |
| 327 **into** [íntu:] イントゥー | ～の中へ[に] | into | | |
| 328 **until** [əntíl] アンティる | ～まで(ずっと) 接 ～するときまで | until | | |

## 接続詞

| 単語 | 意味 | 1回目 | 2回目 | 3回目 |
|---|---|---|---|---|
| 329 **and** [ænd] アンド | と，そして | and | | |
| 330 **but** [bʌt] バット | しかし | but | | |
| 331 **because** [bikɔ́(:)z] ビコ(ー)ズ | (なぜなら)～だから，～なので | because | | |

| 単語 | 意味 | 1回目 意味を確認してなぞる | 2回目 音声を聞きながら書く | 3回目 発音しながら書く |
|---|---|---|---|---|
| 332 **if** [if] イふ | もし～ならば | if | | |
| 333 **or** [ɔːr] オー | か～，かあるいは～ | or | | |

## 助動詞

| 単語 | 意味 | 1回目 | 2回目 | 3回目 |
|---|---|---|---|---|
| 334 **will** [wil] ウィる | (未来への意志を表して)～するつもりだ，(未来を表して)～だろう | will | | |
| 335 **may** [mei] メイ | (許可を表して)～してもよい，(推測を表して)～かもしれない | may | | |
| 336 **should** [ʃud] シュッド | ～すべきである，～したほうがよい | should | | |

## Unit 17の復習テスト

| 意味 | ID | 単語を書こう |
|---|---|---|
| ～で，～に，～に | 313 | |
| ～の上に，～に，(状態)～中で | 316 | |
| もっと遅く，後で | 308 | |
| 外へ，外に，不在で | 312 | |
| たぶん，ひょっとすると | 307 | |
| 今でも，まだ | 304 | |
| ～の後に 接 ～した後で | 320 | |
| ～の中に[で，の]，～に | 314 | |
| ～もまた | 306 | |

| 意味 | ID | 単語を書こう |
|---|---|---|
| いつ 接 ～するときに | 305 | |
| 離れて，去って，脱いで | 311 | |
| ～について(の) 副 およそ | 318 | |
| 簡単に，楽々と | 309 | |
| ～のために，～の間 | 315 | |
| ～の，～の中の[で] | 317 | |
| ～といっしょに | 319 | |
| 離れて，あちらへ，留守で | 310 | |

学習日： 月 日

## その他 助動詞

| 単語 | 意味 | 1回目 意味を確認してなぞる | 2回目 音声を聞きながら書く | 3回目 発音しながら書く |
|---|---|---|---|---|
| 337 **could** [kud] クッド | (canの過去形)～することができた，(Could you ～? で)～していただけませんか | could | | |
| 338 **would** [wud] ウッド | (Would you ～? で)～してくださいませんか | would | | |
| 339 **must** [mʌst] マスト | ～しなければならない，(否定形で)～してはいけない | must | | |

## 代名詞

| 単語 | 意味 | 1回目 | 2回目 | 3回目 |
|---|---|---|---|---|
| 340 **one** [wʌn] ワン | (前に出た数えられる名詞の代わりとして)もの，1つ 形 1つの，ある 名 1 | one | | |
| 341 **another** [ənʌ́ðər] アナざァ | もう1つ，別のもの，別の人 形 もう1つの，もう1人の，別の | another | | |
| 342 **something** [sʌ́mθiŋ] サムすィング | (肯定文で)何か，あるもの | something | | |
| 343 **anything** [éniθiŋ] エニすィング | (疑問文，ifの文で)何か，(否定文で)何も，(肯定文で)何でも | anything | | |
| 344 **everyone** [évriwʌn] エヴリワン | だれでも，みんな | everyone | | |

## 比較表現

| 単語 | 意味 | 1回目 意味を確認してなぞる | 2回目 音声を聞きながら書く | 3回目 発音しながら書く |
|---|---|---|---|---|
| 345 **better** [bétər] ベタァ | 形 (goodの比較級) よりよい, (wellの比較級)よくなって 副 (wellの比較級)よりじょうずに, より以上に | better | | |
| 346 **best** [best] ベスト | 形 (good, wellの最上級)最もよい 副 (wellの最上級)最もよく, 最もじょうずに, いちばん~ | best | | |
| 347 **much** [mʌtʃ] マッチ | 形 たくさんの 副 たいへん, (比較級または最上級を強めて)ずっと | much | | |
| 348 **more** [mɔːr] モー | 形 (many, muchの比較級)もっと多い 副 (muchの比較級) もっと, (more+形容詞, 副詞で)もっと~ | more | | |
| 349 **than** [ðæn] ざン | 接 (比較級の後において)~よりも | than | | |

## Unit 18の復習テスト

| 意味 | ID | 単語を書こう |
|---|---|---|
| ~すべきである | 336 | |
| ~の上に, ~を越えて | 323 | |
| (なぜなら)~だから, ~なので | 331 | |
| ~の下に[を], ~未満の | 322 | |
| しかし | 330 | |
| ~のまわりを[に], ~中を | 324 | |
| ~の中へ[に] | 327 | |
| ~まで(ずっと) | 328 | |

| 意味 | ID | 単語を書こう |
|---|---|---|
| ~の間に, ~の間で, ~の間の | 326 | |
| か~, かあるいは~ | 333 | |
| もし~ならば | 332 | |
| ~してもよい, ~かもしれない | 335 | |
| と, そして | 329 | |
| ~のそばに, ~によって | 321 | |
| ~のそばに | 325 | |
| ~するつもりだ, ~だろう | 334 | |

**1** 私たちの犬は私の寝室で眠ります。

Our dog sleeps in my (　　　　　).

**2** 私は来年ハワイに行きたいです。

I want to go to Hawaii next (　　　　　).

**3** 私は英語の教科書を持ってくるのを忘れました。

I forgot to bring my English (　　　　　).

**4** 彼女のお母さんは病院で働いています。

Her mother works at a (　　　　　).

**5** あなたはふつう週末は何をするのですか。

What do you usually do on (　　　　　)?

**6** 私の友人の多くは髪が短いです。

Many of my friends have short (　　　　　).

**7** あなたのお気に入りの俳優はだれですか。

Who is your favorite (　　　　　)?

**8** 昨日はよい天気でした。

The (　　　　　) was nice yesterday.

**9** あの音は何ですか。

What is that (　　　　　)?

**10** 駅までの道を私に教えていただけますか。

Could you tell me the (　　　　　) to the station?

**11** あなたは昨日，その店で何を買いましたか。

What did you (　　　　　) at the store yesterday?

**12** 私の父はホテルで働いています。

My father (　　　　　) at a hotel.

13 私の母はよく会社まで車を運転します。

My mother often (　　　　　) to her office.

14 彼女は有名な歌手になりました。

She (　　　　　) a famous singer.

15 最終電車は 11 時 45 分に出発します。

The (　　　　　) train leaves at 11:45.

16 これらのコンピューターは役に立ちます。

These computers are (　　　　　).

17 彼女はたびたび友だちとテニスをします。

She (　　　　　) plays tennis with her friends.

18 あなたは昼食と夕食の間に何か食べますか。

Do you eat anything (　　　　　) lunch and dinner?

19 もしこちらに来るなら，私に電話しなさい。

Call me (　　　　　) you come here.

20 彼女は何か食べるものが必要です。

She needs (　　　　　) to eat.

## 実力チェック ① の答え

| | | | |
|---|---|---|---|
| 1 bedroom | 2 year | 3 textbook | 4 hospital |
| 5 weekend | 6 hair | 7 actor | 8 weather |
| 9 sound | 10 way | 11 buy | 12 works |
| 13 drives | 14 became | 15 last | 16 useful |
| 17 often | 18 between | 19 if | 20 something |

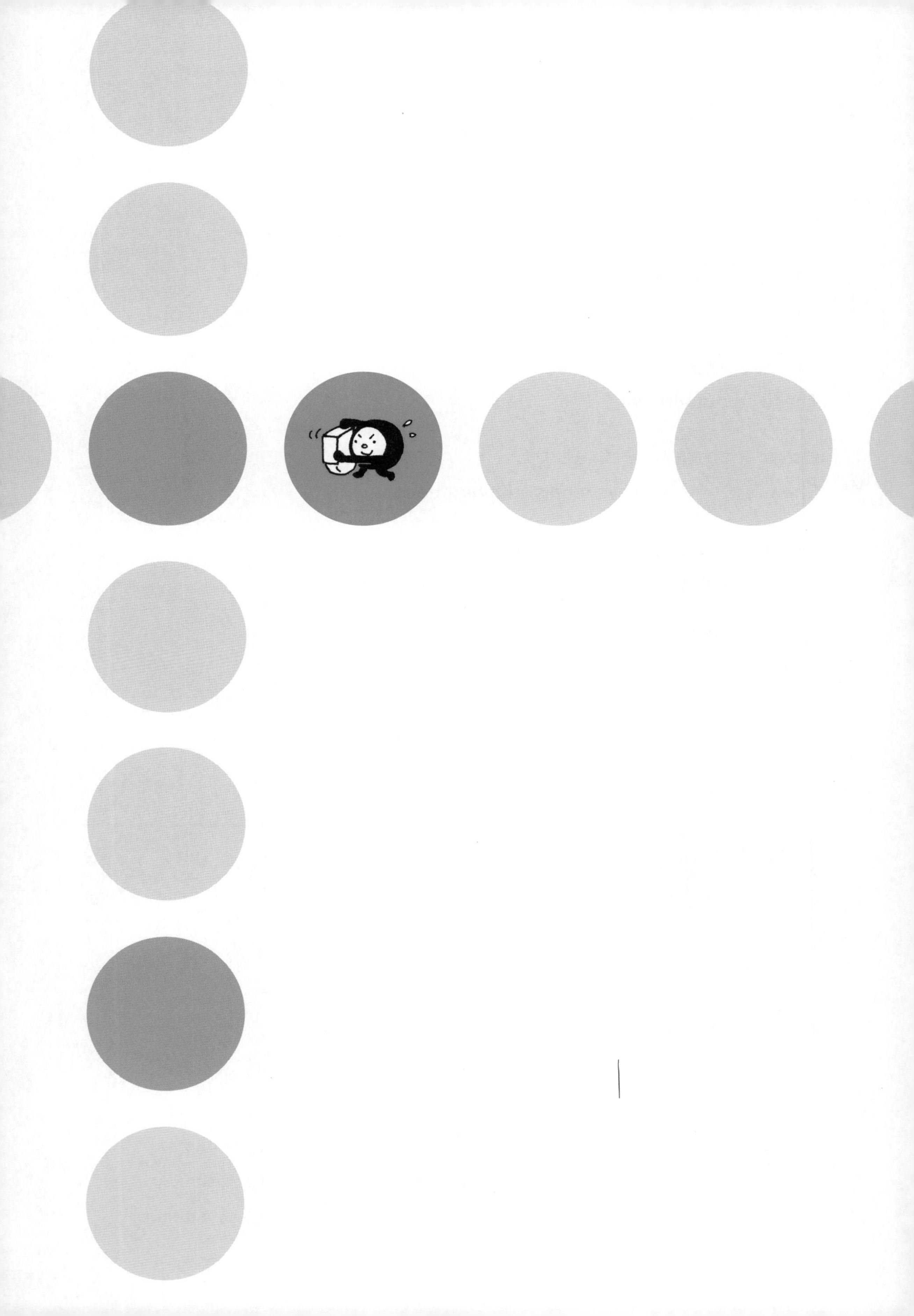

# 単語編

## 英検にでる単語 251

Unit 20
～
Unit 33

学習日：　　月　　日

## 名詞　家の中

| 単語 | 意味 | 1回目 意味を確認してなぞる | 2回目 音声を聞きながら書く | 3回目 発音しながら書く |
|---|---|---|---|---|
| 350 **shower** [ʃáuər] シャウア | シャワー | shower | | |
| 351 **bath** [bæθ] バす | 風呂 | bath | | |
| 352 **bathroom** [bǽθru:m] バすルーム | 浴室，トイレ | bathroom | | |
| 353 **towel** [táu(ə)l] タウ(エ)る | タオル | towel | | |
| 354 **phone** [foun] ふォウン | 電話<br>動（に）電話をかける | phone | | |
| 355 **radio** [réidiou] レイディオウ | ラジオ | radio | | |
| 356 **newspaper** [nú:zpèipər] ヌーズペイパァ | 新聞 | newspaper | | |
| 357 **photo** [fóutou] ふォウトウ | 写真 | photo | | |
| 358 **comic** [ká(:)mik] カ(ー)ミック | 漫画本，コミック | comic | | |
| 359 **sofa** [sóufə] ソウふァ | ソファー | sofa | | |
| 360 **door** [dɔ:r] ドー | 戸，ドア | door | | |
| 361 **glass** [glæs] グらス | ガラス，コップ | glass | | |

| 単語 | 意味 | 1回目 意味を確認してなぞる | 2回目 音声を聞きながら書く | 3回目 発音しながら書く |
|---|---|---|---|---|
| 362 **knife** [naif] ナイふ | ナイフ | knife | | |
| 363 **wallet** [wá(:)lət] ワ(ー)れット | さいふ，札入れ | wallet | | |
| 364 **calendar** [kǽləndər] キャれンダァ | カレンダー | calendar | | |
| 365 **ruler** [rú:lər] ルーらァ | 定規 | ruler | | |
| 366 **toy** [tɔi] トイ | おもちゃ | toy | | |
| 367 **doghouse** [dɔ́(:)ghaus] ド(ー)グハウス | 犬小屋 | doghouse | | |

単語編 英検にでる 350～368

### 時間

| 単語 | 意味 | 1回目 | 2回目 | 3回目 |
|---|---|---|---|---|
| 368 **date** [deit] デイト | 日付，デート | date | | |

## Unit 19の復習テスト

| 意味 | ID | 単語を書こう |
|---|---|---|
| 形 たくさんの 副 たいへん | 347 | |
| ～することができた | 337 | |
| 形 よりよい 副 よりじょうずに | 345 | |
| ～してくださいませんか | 338 | |
| もの，1つ 形 1つの，ある | 340 | |
| だれでも，みんな | 344 | |
| (肯定文で)何か，あるもの | 342 | |

| 意味 | ID | 単語を書こう |
|---|---|---|
| ～しなければならない | 339 | |
| 形 もっと多い 副 もっと | 348 | |
| 形 最もよい 副 最もよく | 346 | |
| もう1つ，別のもの[人] | 341 | |
| 接 (比較級の後において)～よりも | 349 | |
| (疑問文，ifの文で)何か，何も | 343 | |

学習日：　月　日

## 名詞

### 時間

| 単語 | 意味 | 1回目 意味を確認してなぞる | 2回目 音声を聞きながら書く | 3回目 発音しながら書く |
|---|---|---|---|---|
| 369 **noon** [nu:n] ヌーン | 正午，昼の12時 | noon | | |

### 学校

| 単語 | 意味 | 1回目 意味を確認してなぞる | 2回目 音声を聞きながら書く | 3回目 発音しながら書く |
|---|---|---|---|---|
| 370 **dictionary** [díkʃəneri] ディクショネリィ | 辞書，辞典 | dictionary | | |
| 371 **paper** [péipər] ペイパァ | 紙，答案用紙 | paper | | |
| 372 **question** [kwéstʃ(ə)n] クウェスチョン | 質問，問題 | question | | |
| 373 **floor** [flɔ:r] ふろー | 床，(建物の)～階 | floor | | |
| 374 **classroom** [klǽsru:m] クらスルーム | 教室 | classroom | | |
| 375 **blackboard** [blǽkbɔ:rd] ブらックボード | 黒板 | blackboard | | |
| 376 **eraser** [iréisər] イレイサァ | 消しゴム，黒板消し | eraser | | |
| 377 **map** [mæp] マップ | 地図 | map | | |
| 378 **uniform** [jú:nifɔ:rm] ユーニふォーム | 制服，ユニフォーム | uniform | | |
| 379 **grade** [greid] グレイド | 成績の点数，学年 | grade | | |

| 単語 | 意味 | 1回目 意味を確認してなぞる | 2回目 音声を聞きながら書く | 3回目 発音しながら書く |
|---|---|---|---|---|
| 380 **drama** [drάːmə] ドゥラーマ | ドラマ，演劇 | drama | | |
| 381 **social studies** [sóuʃ(ə)l stʌ̀diz] ソウシャる スタディズ | 社会科 | social studies | | |

## 町の中

| 単語 | 意味 | 1回目 | 2回目 | 3回目 |
|---|---|---|---|---|
| 382 **bicycle** [báisikl] バイスィクる | 自転車 | bicycle | | |
| 383 **taxi** [tǽksi] タクスィ | タクシー | taxi | | |
| 384 **airplane** [éərplein] エアプれイン | 飛行機 | airplane | | |
| 385 **plane** [plein] プれイン | 飛行機 | plane | | |
| 386 **boat** [bout] ボウト | ボート，(小型の)船 | boat | | |

## Unit 20の復習テスト

| 意味 | ID | 単語を書こう |
|---|---|---|
| ソファー | 359 | |
| おもちゃ | 366 | |
| 写真 | 357 | |
| 新聞 | 356 | |
| 浴室，トイレ | 352 | |
| 日付，デート | 368 | |
| 犬小屋 | 367 | |
| タオル | 353 | |
| 定規 | 365 | |
| カレンダー | 364 | |

| 意味 | ID | 単語を書こう |
|---|---|---|
| シャワー | 350 | |
| 漫画本，コミック | 358 | |
| 戸，ドア | 360 | |
| さいふ，札入れ | 363 | |
| ガラス，コップ | 361 | |
| 電話 動 (に)電話をかける | 354 | |
| ラジオ | 355 | |
| ナイフ | 362 | |
| 風呂 | 351 | |

学習日： 月 日

名詞 町の中

| 単語 | 意味 | 1回目 意味を確認してなぞる | 2回目 音声を聞きながら書く | 3回目 発音しながら書く |
|---|---|---|---|---|
| 387 **bridge** [bridʒ] ブリッヂ | 橋 | bridge | | |
| 388 **supermarket** [sú:pərmà:rkət] スーパマーケット | スーパーマーケット | supermarket | | |
| 389 **café** [kæféi] キャふェイ | 喫茶店，カフェ | café | | |
| 390 **post office** [póust à(:)fəs] ポウスト ア(ー)ふィス | 郵便局 | post office | | |
| 391 **stadium** [stéidiəm] ステイディアム | スタジアム，競技場，野球場 | stadium | | |
| 392 **theater** [θíətər] すィアタァ | 劇場 | theater | | |
| 393 **hall** [hɔ:l] ホーる | ホール，ろう下 | hall | | |
| 394 **farm** [fɑ:rm] ふアーム | 農場，農園 | farm | | |
| 395 **corner** [kɔ́:rnər] コーナァ | 角，曲がり角，すみ | corner | | |
| 396 **hometown** [hòumtáun] ホウムタウン | 生まれ故郷 | hometown | | |

趣味・休日

| 単語 | 意味 | 1回目 | 2回目 | 3回目 |
|---|---|---|---|---|
| 397 **vacation** [veikéiʃ(ə)n] ヴェイケイション | 休み，休暇 | vacation | | |

| 単語 | 意味 | 1回目 意味を確認してなぞる | 2回目 音声を聞きながら書く | 3回目 発音しながら書く |
|---|---|---|---|---|
| 398 **travel** [trǽv(ə)l] トゥラヴ(ェ)る | 旅行<br>動 (を)旅行する | travel | | |
| 399 **festival** [féstiv(ə)l] ふェスティヴァる | 祭り，～祭 | festival | | |
| 400 **homestay** [hóumstei] ホウムステイ | ホームステイ | homestay | | |
| 401 **tent** [tent] テント | テント | tent | | |
| 402 **painting** [péintiŋ] ペインティング | 絵，絵画，<br>絵をかくこと | painting | | |
| 403 **comedy** [ká(:)mədi] カ(ー)メディ | 喜劇，コメディー | comedy | | |
| 404 **gift** [gift] ギふト | 贈り物 | gift | | |



## Unit 21の復習テスト

| 意味 | ID | 単語を書こう |
|---|---|---|
| 地図 | 377 | |
| 社会科 | 381 | |
| 飛行機 | 385 | |
| 成績の点数，学年 | 379 | |
| 消しゴム，黒板消し | 376 | |
| 質問，問題 | 372 | |
| 床，(建物の)～階 | 373 | |
| 辞書，辞典 | 370 | |
| 黒板 | 375 | |

| 意味 | ID | 単語を書こう |
|---|---|---|
| 自転車 | 382 | |
| 正午，昼の12時 | 369 | |
| 制服，ユニフォーム | 378 | |
| タクシー | 383 | |
| 紙，答案用紙 | 371 | |
| ボート，(小型の)船 | 386 | |
| 飛行機 | 384 | |
| ドラマ，演劇 | 380 | |
| 教室 | 374 | |

学習日：　月　日

## 名詞　身体

| 単語 | 意味 | 1回目 意味を確認してなぞる | 2回目 音声を聞きながら書く | 3回目 発音しながら書く |
|---|---|---|---|---|
| 405 **stomachache** [stʌ́məkeik] スタマケイク | 胃痛，腹痛 | stomachache | | |
| 406 **headache** [hédeik] ヘデイク | 頭痛 | headache | | |

## 人・職業

| 単語 | 意味 | 1回目 | 2回目 | 3回目 |
|---|---|---|---|---|
| 407 **people** [píːpl] ピープる | 人々 | people | | |
| 408 **writer** [ráitər] ライタァ | 筆者，作家 | writer | | |
| 409 **artist** [ɑ́ːrtist] アーティスト | 芸術家，画家 | artist | | |
| 410 **singer** [síŋər] スィンガァ | 歌手 | singer | | |
| 411 **pianist** [piǽnəst] ピアニスト | ピアニスト | pianist | | |
| 412 **driver** [dráivər] ドゥライヴァ | 運転手，ドライバー | driver | | |
| 413 **waiter** [wéitər] ウェイタァ | ウエーター | waiter | | |
| 414 **farmer** [fɑ́ːrmər] ふァーマァ | 農場主，農場経営者 | farmer | | |
| 415 **coach** [koutʃ] コウチ | コーチ，指導者 動 をコーチ[指導]する | coach | | |

| 単語 | 意味 | 1回目 意味を確認してなぞる | 2回目 音声を聞きながら書く | 3回目 発音しながら書く |
|---|---|---|---|---|
| 416 **sir** [səːr] サ〜 | (男性に対して)お客さま | sir | | |
| 417 **visitor** [vízətər] ヴィズィタァ | 訪問客，宿泊客 | visitor | | |

## 家族

| 単語 | 意味 | 1回目 意味を確認してなぞる | 2回目 音声を聞きながら書く | 3回目 発音しながら書く |
|---|---|---|---|---|
| 418 **wife** [waif] ワイふ | 妻 | wife | | |
| 419 **uncle** [ʌ́ŋkl] アンクる | おじ | uncle | | |
| 420 **baby** [béibi] ベイビィ | 赤ちゃん | baby | | |
| 421 **children** [tʃíldr(ə)n] チるドゥレン | 子供たち | children | | |
| 422 **daughter** [dɔ́ːtər] ドータァ | 娘 | daughter | | |

## Unit 22の復習テスト

| 意味 | ID | 単語を書こう |
|---|---|---|
| ホームステイ | 400 | |
| ホール，ろう下 | 393 | |
| スーパーマーケット | 388 | |
| 喜劇，コメディー | 403 | |
| 角，曲がり角，すみ | 395 | |
| 祭り，〜祭 | 399 | |
| 喫茶店，カフェ | 389 | |
| 旅行 動 (を)旅行する | 398 | |
| 絵，絵画，絵をかくこと | 402 | |

| 意味 | ID | 単語を書こう |
|---|---|---|
| 贈り物 | 404 | |
| テント | 401 | |
| 農場，農園 | 394 | |
| 生まれ故郷 | 396 | |
| 劇場 | 392 | |
| スタジアム，競技場，野球場 | 391 | |
| 郵便局 | 390 | |
| 休み，休暇 | 397 | |
| 橋 | 387 | |

学習日：　　月　　日

## 名詞

### 家族

| 単語 | 意味 | 1回目 意味を確認してなぞる | 2回目 音声を聞きながら書く | 3回目 発音しながら書く |
|---|---|---|---|---|
| 423 **cousin** [kʌ́z(ə)n] カズン | いとこ | cousin | | |
| 424 **wedding** [wédiŋ] ウェディング | 結婚式，結婚記念日 | wedding | | |

### 食べ物など

| 単語 | 意味 | 1回目 | 2回目 | 3回目 |
|---|---|---|---|---|
| 425 **dessert** [dizə́ːrt] ディザ～ト | デザート | dessert | | |
| 426 **ice cream** [áis kriːm] アイス クリーム | アイスクリーム | ice cream | | |
| 427 **candy** [kǽndi] キャンディ | キャンディ | candy | | |
| 428 **doughnut** [dóunʌt] ドウナット | ドーナツ | doughnut | | |
| 429 **cookie** [kúki] クッキィ | クッキー | cookie | | |
| 430 **pie** [pai] パイ | パイ | pie | | |
| 431 **butter** [bʌ́tər] バタァ | バター | butter | | |
| 432 **bread** [bred] ブレッド | パン | bread | | |
| 433 **sandwich** [sǽn(d)witʃ] サン(ド)ウィッチ | サンドイッチ | sandwich | | |

| 単語 | 意味 | 1回目 意味を確認してなぞる | 2回目 音声を聞きながら書く | 3回目 発音しながら書く |
|---|---|---|---|---|
| 434 **spaghetti** [spəgéti] スパゲティ | スパゲッティ | spaghetti | | |
| 435 **pasta** [pá:stə] パースタ | パスタ | pasta | | |
| 436 **noodle** [nú:dl] ヌードゥる | めん類，ヌードル | noodle | | |
| 437 **rice** [rais] ライス | 米，ごはん | rice | | |
| 438 **salt** [sɔ:lt] ソーるト | 塩 | salt | | |
| 439 **beef** [bi:f] ビーふ | 牛肉 | beef | | |
| 440 **chicken** [tʃíkin] チキン | トリ肉，ニワトリ | chicken | | |
| 441 **meat** [mi:t] ミート | (食用の)肉 | meat | | |



## Unit 23の復習テスト

| 意味 | ID | 単語を書こう |
|---|---|---|
| おじ | 419 | |
| 子供たち | 421 | |
| (男性に対して)お客さま | 416 | |
| 胃痛，腹痛 | 405 | |
| コーチ，指導者 | 415 | |
| 筆者，作家 | 408 | |
| 娘 | 422 | |
| 芸術家，画家 | 409 | |
| ピアニスト | 411 | |

| 意味 | ID | 単語を書こう |
|---|---|---|
| 歌手 | 410 | |
| ウエーター | 413 | |
| 訪問客，宿泊客 | 417 | |
| 農場主，農場経営者 | 414 | |
| 頭痛 | 406 | |
| 赤ちゃん | 420 | |
| 運転手，ドライバー | 412 | |
| 人々 | 407 | |
| 妻 | 418 | |

## 名詞 食べ物など

| | 単語 | 意味 | 1回目 意味を確認してなぞる | 2回目 音声を聞きながら書く | 3回目 発音しながら書く |
|---|---|---|---|---|---|
| 442 | **steak** [steik] ステイク | ステーキ | steak | | |
| 443 | **sausage** [sɔ́(:)sidʒ] ソ(ー)セッヂ | ソーセージ | sausage | | |
| 444 | **fruit** [fru:t] ふルート | 果物 | fruit | | |
| 445 | **cherry** [tʃéri] チェリィ | サクランボ | cherry | | |
| 446 | **strawberry** [strɔ́:bèri] ストゥローベリィ | イチゴ | strawberry | | |
| 447 | **pineapple** [páinæpl] パイナプる | パイナップル | pineapple | | |
| 448 | **pumpkin** [pʌ́m(p)kin] パン(プ)キン | カボチャ | pumpkin | | |
| 449 | **onion** [ʌ́njən] アニョン | タマネギ | onion | | |
| 450 | **snack** [snæk] スナック | スナック，軽食，おやつ | snack | | |

## 自然・生き物

| | 単語 | 意味 | 1回目 | 2回目 | 3回目 |
|---|---|---|---|---|---|
| 451 | **snow** [snou] スノウ | 雪 動 雪が降る | snow | | |
| 452 | **cloud** [klaud] クらウド | 雲 | cloud | | |

| 単語 | 意味 | 1回目 意味を確認してなぞる | 2回目 音声を聞きながら書く | 3回目 発音しながら書く |
|---|---|---|---|---|
| 453 **sun** [sʌn] サン | 太陽，日光 | sun | | |
| 454 **sky** [skai] スカイ | 空 | sky | | |
| 455 **season** [síːz(ə)n] スィーズン | 季節 | season | | |
| 456 **autumn** [ɔ́ːtəm] オータム | 秋 | autumn | | |
| 457 **sea** [siː] スィー | 海 | sea | | |
| 458 **ocean** [óuʃ(ə)n] オウシャン | (the oceanで)大洋，海 | ocean | | |
| 459 **turtle** [tə́ːrtl] タートゥる | 海ガメ | turtle | | |
| 460 **lake** [leik] れイク | 湖 | lake | | |

## Unit 24の復習テスト

| 意味 | ID | 単語を書こう |
|---|---|---|
| バター | 431 | |
| パン | 432 | |
| めん類，ヌードル | 436 | |
| 塩 | 438 | |
| 結婚式，結婚記念日 | 424 | |
| スパゲッティ | 434 | |
| 牛肉 | 439 | |
| いとこ | 423 | |
| ドーナツ | 428 | |
| パスタ | 435 | |

| 意味 | ID | 単語を書こう |
|---|---|---|
| キャンディ | 427 | |
| (食用の)肉 | 441 | |
| デザート | 425 | |
| サンドイッチ | 433 | |
| パイ | 430 | |
| クッキー | 429 | |
| 米，ごはん | 437 | |
| アイスクリーム | 426 | |
| トリ肉，ニワトリ | 440 | |

学習日：　　月　　日

## 名詞　自然・生き物

| 単語 | 意味 | 1回目 意味を確認してなぞる | 2回目 音声を聞きながら書く | 3回目 発音しながら書く |
|---|---|---|---|---|
| 461 **horse** [hɔːrs] ホース | 馬 | horse | | |
| 462 **pig** [pig] ピッグ | ブタ | pig | | |
| 463 **hamster** [hǽmstər] ハムスタァ | ハムスター | hamster | | |

## 音楽

| 単語 | 意味 | 1回目 | 2回目 | 3回目 |
|---|---|---|---|---|
| 464 **music** [mjúːzik] ミューズィック | 音楽 | music | | |
| 465 **musician** [mjuzíʃ(ə)n] ミュズィシャン | 音楽家，ミュージシャン | musician | | |
| 466 **pop music** [pá(ː)p mjùːzik] パ(ー)ップ ミューズィック | ポピュラー音楽，ポップス | pop music | | |
| 467 **band** [bænd] バンド | 楽団，バンド | band | | |
| 468 **drum** [drʌm] ドゥラム | ドラム | drum | | |
| 469 **flute** [fluːt] ふるート | フルート | flute | | |
| 470 **trumpet** [trʌ́mpət] トゥランペット | トランペット | trumpet | | |

## 衣服・色など

| 単語 | 意味 | 1回目 意味を確認してなぞる | 2回目 音声を聞きながら書く | 3回目 発音しながら書く |
|---|---|---|---|---|
| 471 **clothes** [klouz] クろウズ | 衣服 | clothes | | |
| 472 **coat** [kout] コウト | コート，上着 | coat | | |
| 473 **sweater** [swétər] スウェタァ | セーター | sweater | | |
| 474 **glove** [glʌv] グらヴ | (ふつうglovesで)手袋，グローブ | glove | | |
| 475 **tie** [tai] タイ | ネクタイ | tie | | |
| 476 **glasses** [glǽsiz] グらスィズ | メガネ | glasses | | |
| 477 **sock** [sɑ(:)k] サ(ー)ック | (ふつうsocksで)くつ下，ソックス | sock | | |
| 478 **umbrella** [ʌmbrélə] アンブレら | かさ | umbrella | | |

単語編

英検にでる

461〜478

## Unit 25の復習テスト

| 意味 | ID | 単語を書こう |
|---|---|---|
| 大洋，海 | 458 | |
| カボチャ | 448 | |
| 太陽，日光 | 453 | |
| 雪 動 雪が降る | 451 | |
| 季節 | 455 | |
| 海ガメ | 459 | |
| サクランボ | 445 | |
| ソーセージ | 443 | |
| 海 | 457 | |
| イチゴ | 446 | |

| 意味 | ID | 単語を書こう |
|---|---|---|
| 湖 | 460 | |
| 果物 | 444 | |
| ステーキ | 442 | |
| パイナップル | 447 | |
| スナック，軽食，おやつ | 450 | |
| タマネギ | 449 | |
| 雲 | 452 | |
| 空 | 454 | |
| 秋 | 456 | |

# Unit 27 479~495

学習日：　　月　　日

## 名詞　衣服・色など

| | 単語 | 意味 | 1回目 意味を確認してなぞる | 2回目 音声を聞きながら書く | 3回目 発音しながら書く |
|---|---|---|---|---|---|
| 479 | **gray** [grei] グレイ | 灰色，グレー 形 灰色[グレー]の | gray | | |
| 480 | **gold** [gould] ゴウるド | 金 形 金(製)の | gold | | |

## 単位

| | 単語 | 意味 | 1回目 | 2回目 | 3回目 |
|---|---|---|---|---|---|
| 481 | **dollar** [dá(:)lər] ダ(ー)らァ | (米国・カナダなどの貨幣単位)ドル | dollar | | |
| 482 | **yen** [jen] イエン | 円 | yen | | |

## 国・地域

| | 単語 | 意味 | 1回目 | 2回目 | 3回目 |
|---|---|---|---|---|---|
| 483 | **world** [wəːrld] ワ～るド | 世界，世の中 | world | | |
| 484 | **country** [kʌ́ntri] カントゥリィ | 国，(theをつけて)いなか | country | | |
| 485 | **America** [əmérikə] アメリカ | アメリカ(合衆国) | America | | |
| 486 | **Canada** [kǽnədə] キャナダ | カナダ | Canada | | |
| 487 | **Australia** [ɔ(:)stréiliə] オ(ー)ストゥレイりア | オーストラリア | Australia | | |
| 488 | **France** [fræns] ふランス | フランス | France | | |

| 単語 | 意味 | 1回目 意味を確認してなぞる | 2回目 音声を聞きながら書く | 3回目 発音しながら書く |
|---|---|---|---|---|
| 489 **Italy** [ít(ə)li] イタりィ | イタリア | Italy | | |
| 490 **China** [tʃáinə] チャイナ | 中国 | China | | |
| 491 **Korea** [kərí(:)ə] コリ(ー)ア | 韓国[朝鮮] | Korea | | |
| 492 **Mexico** [méksikou] メクスィコウ | メキシコ | Mexico | | |
| 493 **London** [lʌ́ndən] らンドン | ロンドン | London | | |
| 494 **Hawaii** [həwáːiː] ハワーイー | (アメリカの)ハワイ州，ハワイ島 | Hawaii | | |

### スポーツ

| 単語 | 意味 | 1回目 | 2回目 | 3回目 |
|---|---|---|---|---|
| 495 **golf** [gɔ́ːlf] ゴーるふ | ゴルフ | golf | | |

## Unit 26の復習テスト

| 意味 | ID | 単語を書こう |
|---|---|---|
| メガネ | 476 | |
| 手袋，グローブ | 474 | |
| 衣服 | 471 | |
| 楽団，バンド | 467 | |
| ネクタイ | 475 | |
| フルート | 469 | |
| ハムスター | 463 | |
| ブタ | 462 | |
| コート，上着 | 472 | |

| 意味 | ID | 単語を書こう |
|---|---|---|
| くつ下，ソックス | 477 | |
| 馬 | 461 | |
| 音楽家，ミュージシャン | 465 | |
| 音楽 | 464 | |
| ポピュラー音楽，ポップス | 466 | |
| ドラム | 468 | |
| トランペット | 470 | |
| かさ | 478 | |
| セーター | 473 | |

学習日：　月　日

## 名詞 スポーツ

| 単語 | 意味 | 1回目 意味を確認してなぞる | 2回目 音声を聞きながら書く | 3回目 発音しながら書く |
|---|---|---|---|---|
| 496 **football** [fútbɔːl] ふットボーる | フットボール | football | | |
| 497 **bowling** [bóuliŋ] ボウりング | ボウリング | bowling | | |
| 498 **match** [mætʃ] マッチ | 試合，競争相手 | match | | |
| 499 **ice-skating** [áis skeitiŋ] アイス スケイティング | アイススケート | ice-skating | | |
| 500 **surfing** [sə́ːrfiŋ] サ～ふィング | サーフィン，波乗り | surfing | | |
| 501 **wrestling** [résliŋ] レスりング | レスリング | wrestling | | |

## その他

| 単語 | 意味 | 1回目 意味を確認してなぞる | 2回目 音声を聞きながら書く | 3回目 発音しながら書く |
|---|---|---|---|---|
| 502 **idea** [aidí(ː)ə] アイディ(ー)ア | 考え，アイデア | idea | | |
| 503 **news** [nuːz] ヌーズ | ニュース，報道 | news | | |
| 504 **problem** [prá(ː)bləm] プラ(ー)ブれム | 問題 | problem | | |
| 505 **Internet** [íntərnet] インタァネット | (the Internetで)インターネット | Internet | | |
| 506 **website** [wébsait] ウェブサイト | ウェブサイト | website | | |

| 単語 | 意味 | 1回目 意味を確認してなぞる | 2回目 音声を聞きながら書く | 3回目 発音しながら書く |
|---|---|---|---|---|
| 507 **mail** [meil] メイる | 郵便(物) 動 を郵便で送る | mail | | |
| 508 **message** [mésidʒ] メセッヂ | 伝言，メッセージ | message | | |
| 509 **language** [lǽŋgwidʒ] らングウェッヂ | 言語，言葉 | language | | |
| 510 **card** [kɑːrd] カード | カード，はがき，トランプの札 | card | | |
| 511 **stamp** [stæmp] スタンプ | 切手，印 動 に判を押す | stamp | | |
| 512 **passport** [pǽspɔːrt] パスポート | パスポート | passport | | |
| 513 **Christmas** [krísməs] クリスマス | クリスマス | Christmas | | |
| 514 **dream** [driːm] ドゥリーム | 夢 動 夢を見る | dream | | |

単語編

英検にでる

496～514

## Unit 27の復習テスト

| 意味 | ID | 単語を書こう |
|---|---|---|
| イタリア | 489 | |
| 国，いなか | 484 | |
| フランス | 488 | |
| 世界，世の中 | 483 | |
| ロンドン | 493 | |
| カナダ | 486 | |
| 灰色，グレー | 479 | |
| 円 | 482 | |
| メキシコ | 492 | |

| 意味 | ID | 単語を書こう |
|---|---|---|
| 中国 | 490 | |
| (アメリカの)ハワイ州，ハワイ島 | 494 | |
| 金 形 金(製)の | 480 | |
| ゴルフ | 495 | |
| 韓国[朝鮮] | 491 | |
| (貨幣単位)ドル | 481 | |
| オーストラリア | 487 | |
| アメリカ(合衆国) | 485 | |

学習日：　月　日

## 名詞 その他

| 単語 | 意味 | 1回目 意味を確認してなぞる | 2回目 音声を聞きながら書く | 3回目 発音しながら書く |
|---|---|---|---|---|
| 515 **life** [laif] らイふ | 生活，生命，一生，人生 | life | | |
| 516 **list** [list] りスト | リスト，名簿 | list | | |
| 517 **prize** [praiz] プライズ | 賞，賞品，賞金 | prize | | |
| 518 **haircut** [héərkʌt] ヘアカット | 髪のカット，散髪 | haircut | | |
| 519 **size** [saiz] サイズ | 大きさ，寸法 | size | | |
| 520 **part** [pɑːrt] パート | 部分，役割 | part | | |
| 521 **seat** [siːt] スィート | 座席 | seat | | |
| 522 **machine** [məʃíːn] マシーン | 機械 | machine | | |

## 動詞 動詞

| 単語 | 意味 | 1回目 | 2回目 | 3回目 |
|---|---|---|---|---|
| 523 **cook** [kuk] クック | (を)料理する 名 料理をする人，コック | cook | | |
| 524 **leave** [liːv] りーヴ | (を)出発する，(を)去る，を置き忘れる | leave | | |
| 525 **clean** [kliːn] クりーン | (を)きれいにする，そうじする 形 きれいな，清潔な | clean | | |

| 単語 | 意味 | 1回目 意味を確認してなぞる | 2回目 音声を聞きながら書く | 3回目 発音しながら書く |
|---|---|---|---|---|
| 526 **sleep** [sli:p] スリープ | 眠る 名 睡眠 | sleep | | |
| 527 **begin** [bigín] ビギン | を始める，始まる | begin | | |
| 528 **send** [send] センド | を送る | send | | |
| 529 **learn** [ləːrn] ら～ン | (を)学ぶ，(を)習う | learn | | |
| 530 **dance** [dæns] ダンス | 踊る 名 ダンス | dance | | |
| 531 **move** [mu:v] ムーヴ | を動かす，動く，引っ越す | move | | |
| 532 **sit** [sit] スィット | すわる，すわっている | sit | | |
| 533 **win** [win] ウィン | (に)勝つ，を勝ち取る | win | | |



## Unit 28の復習テスト

| 意味 | ID | 単語を書こう |
|---|---|---|
| 伝言，メッセージ | 508 | |
| ウェブサイト | 506 | |
| アイススケート | 499 | |
| 切手，印 動 に判を押す | 511 | |
| レスリング | 501 | |
| 考え，アイデア | 502 | |
| 夢 動 夢を見る | 514 | |
| ボウリング | 497 | |
| カード，はがき，トランプの札 | 510 | |
| インターネット | 505 | |

| 意味 | ID | 単語を書こう |
|---|---|---|
| 言語，言葉 | 509 | |
| 試合，競争相手 | 498 | |
| フットボール | 496 | |
| パスポート | 512 | |
| サーフィン，波乗り | 500 | |
| 問題 | 504 | |
| 郵便(物) 動 を郵便で送る | 507 | |
| クリスマス | 513 | |
| ニュース，報道 | 503 | |

## 動詞

| 単語 | 意味 | 1回目 意味を確認してなぞる | 2回目 音声を聞きながら書く | 3回目 発音しながら書く |
|---|---|---|---|---|
| 534 **carry** [kǽri] キャリィ | を運ぶ，を持ち歩く | carry | | |
| 535 **draw** [drɔː] ドゥロー | (線を)引く，(絵・図を)かく | draw | | |
| 536 **surprise** [sərpráiz] サプライズ | を驚かせる，をびっくりさせる 名 びっくりさせること | surprise | | |
| 537 **happen** [hǽp(ə)n] ハプン | (偶然)起こる | happen | | |
| 538 **smile** [smail] スマイる | ほほえむ 名 ほほえみ | smile | | |
| 539 **relax** [rilǽks] リらックス | をくつろがせる，くつろぐ | relax | | |
| 540 **check** [tʃek] チェック | をチェックする，を点検する 名 チェック，点検 | check | | |
| 541 **remember** [rimémbər] リメンバァ | (を)思い出す，(を)覚えている | remember | | |
| 542 **understand** [ʌ̀ndərstǽnd] アンダスタンド | (を)理解する | understand | | |
| 543 **enter** [éntər] エンタァ | に入る | enter | | |
| 544 **share** [ʃeər] シェア | を共有する，を分け合う 名 分け前 | share | | |
| 545 **miss** [mis] ミス | をのがす，がいなくてさびしく思う | miss | | |

| 単語 | 意味 | 1回目 意味を確認してなぞる | 2回目 音声を聞きながら書く | 3回目 発音しながら書く |
|---|---|---|---|---|
| 546 **rainy** [réini] レイニィ | 雨の，雨降りの | rainy | | |
| 547 **windy** [wíndi] ウィンディ | 風の吹く，風の強い | windy | | |
| 548 **cool** [ku:l] クーる | 涼しい，冷たい，かっこいい | cool | | |
| 549 **easy** [í:zi] イーズィ | やさしい，簡単な，気楽な | easy | | |
| 550 **heavy** [hévi] ヘヴィ | 重い，大量の | heavy | | |
| 551 **light** [lait] らイト | 軽い，明るい 名 光，明るさ，明かり | light | | |
| 552 **large** [lɑ:rdʒ] らーヂ | 大きい，多数の，多量の | large | | |
| 553 **medium** [mí:diəm] ミーディアム | 中くらいの | medium | | |

## Unit 29の復習テスト

| 意味 | ID | 単語を書こう |
|---|---|---|
| 賞，賞品，賞金 | 517 | |
| を送る | 528 | |
| (に)勝つ，を勝ち取る | 533 | |
| 眠る 名 睡眠 | 526 | |
| (を)きれいにする，そうじする | 525 | |
| すわる，すわっている | 532 | |
| を始める，始まる | 527 | |
| (を)学ぶ，(を)習う | 529 | |
| 踊る 名 ダンス | 530 | |
| 大きさ，寸法 | 519 | |

| 意味 | ID | 単語を書こう |
|---|---|---|
| (を)出発する，(を)去る | 524 | |
| を動かす，動く，引っ越す | 531 | |
| リスト，名簿 | 516 | |
| 部分，役割 | 520 | |
| 座席 | 521 | |
| 生活，生命，一生，人生 | 515 | |
| 髪のカット，散髪 | 518 | |
| (を)料理する 名 コック | 523 | |
| 機械 | 522 | |

学習日：　　月　　日

## 形容詞　形容詞

| 単語 | 意味 | 1回目 意味を確認してなぞる | 2回目 音声を聞きながら書く | 3回目 発音しながら書く |
|---|---|---|---|---|
| 554 **little** [lítl] りトゥる | 小さい，(小さくて)かわいらしい | little | | |
| 555 **busy** [bízi] ビズィ | 忙しい，にぎやかな | busy | | |
| 556 **tired** [taiərd] タイアド | 疲れた，あきた | tired | | |
| 557 **sleepy** [slí:pi] スりーピィ | 眠い，眠そうな | sleepy | | |
| 558 **healthy** [hélθi] へるすィ | 健康な | healthy | | |
| 559 **strong** [strɔ(:)ŋ] ストゥロ(ー)ング | 強い | strong | | |
| 560 **angry** [ǽŋgri] アングリィ | 怒った，腹を立てた | angry | | |
| 561 **sad** [sæd] サッド | 悲しい | sad | | |
| 562 **excited** [iksáitid] イクサイティッド | (人が)興奮した，わくわくした | excited | | |
| 563 **exciting** [iksáitiŋ] イクサイティング | (人を)興奮させる，わくわくさせる | exciting | | |
| 564 **boring** [bɔ́:riŋ] ボーリング | たいくつな，うんざりさせる | boring | | |
| 565 **funny** [fʌ́ni] ふアニィ | おかしな，おもしろい | funny | | |

| 単語 | 意味 | 1回目 意味を確認してなぞる | 2回目 音声を聞きながら書く | 3回目 発音しながら書く |
|---|---|---|---|---|
| 566 **sweet** [swiːt] スウィート | 甘い 名 甘い菓子 | sweet | | |
| 567 **close** [klous] クろウス | ごく近い，親密な | close | | |
| 568 **far** [fɑːr] ふァー | 遠い 副 遠くに | far | | |
| 569 **wonderful** [wʌ́ndərf(ə)l] ワンダふる | すばらしい，すてきな | wonderful | | |
| 570 **same** [seim] セイム | 同じ | same | | |
| 571 **both** [bouθ] ボウす | 両方の 代 両方 | both | | |
| 572 **each** [iːtʃ] イーチ | それぞれの，各自の 代 それぞれ，各自 副 1個につき，1人につき | each | | |

単語編

英検にでる

554 ～ 572

## Unit 30の復習テスト

| 意味 | ID | 単語を書こう |
|---|---|---|
| 大きい，多数の，多量の | 552 | |
| をのがす，がいなくてさびしく思う | 545 | |
| (を)思い出す，(を)覚えている | 541 | |
| ほほえむ 名 ほほえみ | 538 | |
| (偶然)起こる | 537 | |
| をチェックする，を点検する | 540 | |
| 雨の，雨降りの | 546 | |
| をくつろがせる，くつろぐ | 539 | |
| を運ぶ，を持ち歩く | 534 | |
| 風の吹く，風の強い | 547 | |

| 意味 | ID | 単語を書こう |
|---|---|---|
| 涼しい，冷たい，かっこいい | 548 | |
| 重い，大量の | 550 | |
| を驚かせる，をびっくりさせる | 536 | |
| 軽い，明るい 名 光 | 551 | |
| (線を)引く，(絵・図を)かく | 535 | |
| 中くらいの | 553 | |
| に入る | 543 | |
| やさしい，簡単な，気楽な | 549 | |
| を共有する，を分け合う | 544 | |
| (を)理解する | 542 | |

学習日：　　月　　日

## 形容詞

形容詞

| 単語 | 意味 | 1回目 意味を確認してなぞる | 2回目 音声を聞きながら書く | 3回目 発音しながら書く |
|---|---|---|---|---|
| 573 **full** [ful] ふる | いっぱいの，満腹の | full | | |
| 574 **thirsty** [θə́ːrsti] さ～スティ | のどがかわいた | thirsty | | |
| 575 **pretty** [príti] プリティ | きれいな，かわいらしい | pretty | | |
| 576 **dirty** [də́ːrti] ダ～ティ | 汚い，汚れた | dirty | | |
| 577 **low** [lou] ろウ | 低い 副 低く | low | | |
| 578 **junior** [dʒúːnjər] ヂューニャ | 年下の 名 年下の人 | junior | | |
| 579 **right** [rait] ライト | 正しい，正確な，右の 副 正しく，ちょうど 名 右 | right | | |
| 580 **wrong** [rɔ(ː)ŋ] ロ(ー)ング | 悪い，間違った，調子が悪い | wrong | | |
| 581 **quick** [kwik] クウィック | (速度・動きが)速い，すばやい | quick | | |
| 582 **professional** [prəféʃ(ə)n(ə)l] プロふェショヌる | 専門職の，プロの 名 プロ，専門家 | professional | | |

## 副詞

副詞

| 単語 | 意味 | 1回目 | 2回目 | 3回目 |
|---|---|---|---|---|
| 583 **well** [wel] ウェる | じょうずに，十分に 形 健康で 間 まあ，さて | well | | |

| 単語 | 意味 | 1回目 意味を確認してなぞる | 2回目 音声を聞きながら書く | 3回目 発音しながら書く |
| --- | --- | --- | --- | --- |
| 584 **sometimes** [sʌ́mtaimz] サムタイムズ | ときどき，ときには | sometimes | | |
| 585 **twice** [twais] トゥワイス | 2度，2回 | twice | | |
| 586 **always** [ɔ́:lweiz] オーるウェイズ | いつも，常に | always | | |
| 587 **o'clock** [əklɑ́(:)k] オクら(ー)ック | ～時 | o'clock | | |
| 588 **someday** [sʌ́mdei] サムデイ | (未来の)いつか，そのうちに | someday | | |
| 589 **already** [ɔ:lrédi] オーるレディ | すでに，もう | already | | |
| 590 **slowly** [slóuli] スろウりィ | 遅く，ゆっくりと | slowly | | |
| 591 **ago** [əgóu] アゴウ | (今から)～前に | ago | | |

## Unit 31の復習テスト

| 意味 | ID | 単語を書こう |
| --- | --- | --- |
| 眠い，眠そうな | 557 | |
| それぞれの 代 それぞれ | 572 | |
| 忙しい，にぎやかな | 555 | |
| 疲れた，あきた | 556 | |
| ごく近い，親密な | 567 | |
| 悲しい | 561 | |
| (人を)興奮させる | 563 | |
| たいくつな，うんざりさせる | 564 | |
| おかしな，おもしろい | 565 | |
| すばらしい，すてきな | 569 | |

| 意味 | ID | 単語を書こう |
| --- | --- | --- |
| 両方の 代 両方 | 571 | |
| 強い | 559 | |
| 同じ | 570 | |
| 健康な | 558 | |
| 甘い 名 甘い菓子 | 566 | |
| 小さい | 554 | |
| 怒った，腹を立てた | 560 | |
| (人が)興奮した，わくわくした | 562 | |
| 遠い 副 遠くに | 568 | |

学習日：　　月　　日

## 副詞　副詞

| | 単語 | 意味 | 1回目 意味を確認してなぞる | 2回目 音声を聞きながら書く | 3回目 発音しながら書く |
|---|---|---|---|---|---|
| 592 | **outside** [àutsáid] アウトサイド | 外に，外側に<br>前 ～の外側に，～の外側で | outside | | |

## その他　前置詞

| | 単語 | 意味 | 1回目 | 2回目 | 3回目 |
|---|---|---|---|---|---|
| 593 | **before** [bifɔ́:r] ビふォー | ～の前に<br>接 ～する前に<br>副 前に | before | | |
| 594 | **during** [dɔ́:riŋ] ドゥーリング | ～の間ずっと，～の間のあるときに | during | | |

## 助動詞

| | 単語 | 意味 | 1回目 | 2回目 | 3回目 |
|---|---|---|---|---|---|
| 595 | **shall** [ʃæl] シャる | (Shall I ～? で)～しましょうか，(Shall we ～? で)(いっしょに)～しませんか | shall | | |

## 代名詞

| | 単語 | 意味 | 1回目 | 2回目 | 3回目 |
|---|---|---|---|---|---|
| 596 | **mine** [main] マイン | 私のもの | mine | | |
| 597 | **everything** [évriθiŋ] エヴリすィング | 何もかも，みんな | everything | | |

## 比較表現

| 単語 | 意味 | 1回目 意味を確認してなぞる | 2回目 音声を聞きながら書く | 3回目 発音しながら書く |
|---|---|---|---|---|
| 598 **most** [moust] モウスト | 形 (many, muchの最上級)最も多い 副 (muchの最上級)最も, (most＋形容詞, 副詞で)最も～ | most | | |

## 略語

| 単語 | 意味 | 1回目 意味を確認してなぞる | 2回目 音声を聞きながら書く | 3回目 発音しながら書く |
|---|---|---|---|---|
| 599 **a.m.** [èi ém] エイエム | 午前 | a.m. | | |
| 600 **p.m.** [pì: ém] ピーエム | 午後 | p.m. | | |



## Unit 32の復習テスト

| 意味 | ID | 単語を書こう |
|---|---|---|
| 低い 副 低く | 577 | |
| 年下の 名 年下の人 | 578 | |
| のどがかわいた | 574 | |
| いっぱいの, 満腹の | 573 | |
| 汚い, 汚れた | 576 | |
| きれいな, かわいらしい | 575 | |
| 悪い, 間違った, 調子が悪い | 580 | |
| (未来の)いつか, そのうちに | 588 | |
| 2度, 2回 | 585 | |
| いつも, 常に | 586 | |

| 意味 | ID | 単語を書こう |
|---|---|---|
| 遅く, ゆっくりと | 590 | |
| (今から)～前に | 591 | |
| 専門職の, プロの | 582 | |
| じょうずに, 十分に 形 健康で | 583 | |
| ときどき, ときには | 584 | |
| すでに, もう | 589 | |
| 正しい, 正確な, 右の | 579 | |
| ～時 | 587 | |
| (速度・動きが)速い, すばやい | 581 | |

1 彼の家には2つの浴室があります。
His house has two (　　　　　).

2 私たちの昼食時間は正午に始まります。
Our lunchtime starts at (　　　　　).

3 私は修学旅行についていくつかの質問があります。
I have some (　　　　　) about our school trip.

4 あの橋はどのくらい長いですか。
How long is that (　　　　　)?

5 今日は胃痛がします。
I have a (　　　　　) today.

6 彼女の娘は中学生です。
Her (　　　　　) is a junior high school student.

7 私はよく昼食にスパゲッティを食べます。
I often have (　　　　　) for lunch.

8 今はサクランボの季節です。
Now is the (　　　　　) for cherries.

9 彼女は白いコートを着ています。
She is putting on a white (　　　　　).

10 私は2年前にオーストラリアに行きました。
I went to (　　　　　) two years ago.

11 それは難しい問題です。
It is a difficult (　　　　　).

12 私は今日いくつかの新しい英単語を学びました。
I (　　　　　) some new English words today.

13 私は今でもあの時を思い出します。

I still (　　　　　　) that time.

14 姉[妹]と私はこのコンピューターを共有しています。

My sister and I (　　　　　　) this computer.

15 その少年は雨の日が好きではありません。

The boy does not like (　　　　　　) days.

16 この本は私にとってたいくつです。

This book is (　　　　　　) to me.

17 彼らは同じサッカーチームに入っています。

They are on the (　　　　　　) soccer team.

18 彼らはときどき公園でサッカーをします。

They (　　　　　　) play soccer in the park.

19 この教科書は私のものです。

This textbook is (　　　　　　).

20 私の国ではいま午後３時です。

It's 3 (　　　　　　) in my country now.

## 実力チェック②の答え

| | | | |
|---|---|---|---|
| 1 bathrooms | 2 noon | 3 questions | 4 bridge |
| 5 stomachache | 6 daughter | 7 spaghetti | 8 season |
| 9 coat | 10 Australia | 11 problem | 12 learned |
| 13 remember | 14 share | 15 rainy | 16 boring |
| 17 same | 18 sometimes | 19 mine | 20 p.m. |

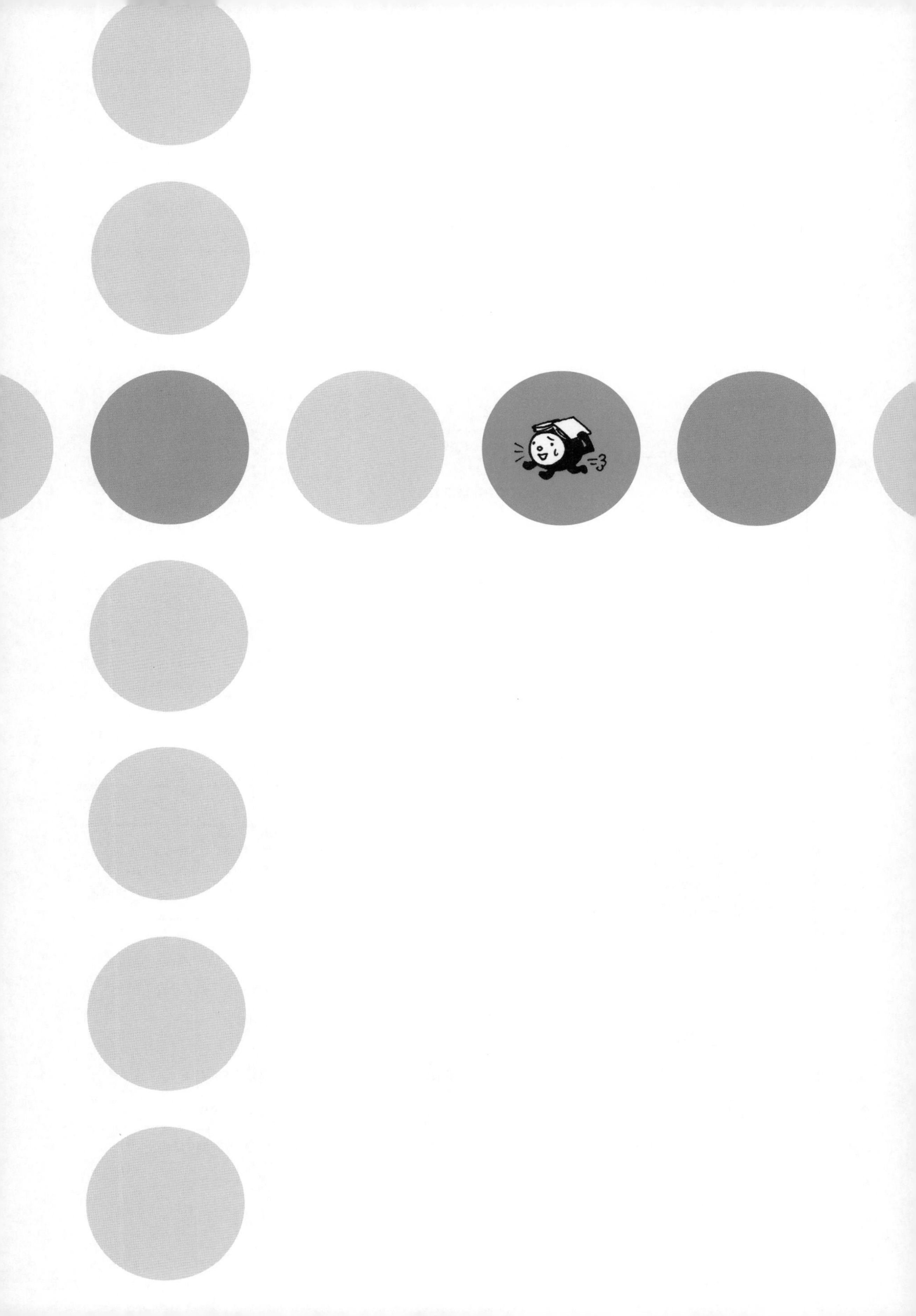

# 熟語編

## 熟語 100

Unit 34
～
Unit 46

# Unit 34 601～608

学習日：　　月　　日

## 動詞の働きをする熟語

| 熟語・意味 | 1回目 意味を確認してなぞる | 2回目 音声を聞きながら書く |
| --- | --- | --- |
| 601 **want to *do*** ～したいと思う | want to do | |
| 602 **like *doing* [to *do*]** ～するのが好きだ，～したい | like doing | |
| 603 **want to be ～** ～になりたいと思う | want to be | |
| 604 **need to *do*** ～する必要がある | need to do | |
| 605 **go (back) home** 帰宅する | go back home | |
| 606 **get home** 帰宅する | get home | |
| 607 **come home** 帰宅する | come back home | |
| 608 **do *one's* homework** 宿題をする | do one's homework | |

3回目
発音しながら書く

## Unit 33の復習テスト

| 意味 | ID | 単語を書こう |
|---|---|---|
| ～の前に 接 ～する前に | 593 | |
| 形 最も多い 副 最も，最も～ | 598 | |
| ～しましょうか，(いっしょに)～しませんか | 595 | |
| ～の間ずっと，～の間のあるときに | 594 | |
| 午後 | 600 | |
| 外に，外側に 前 ～の外側に | 592 | |
| 午前 | 599 | |
| 何もかも，みんな | 597 | |
| 私のもの | 596 | |

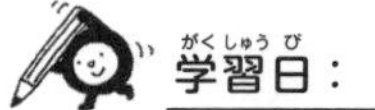


## 動詞の働きをする熟語

| 熟語・意味 | 1回目 意味を確認してなぞる | 2回目 音声を聞きながら書く |
|---|---|---|
| 609 **take *A* to *B*** AをBに連れていく | take A to B | |
| 610 **look for ～** ～を探す | look for | |
| 611 **leave (*A*) for *B*** Bに向かって(Aを)出発する［離れる，去る］ | leave A for B | |
| 612 **have a good time** 楽しい時を過ごす | have a good time | |
| 613 **wait for ～** ～を待つ | wait for | |
| 614 **stay in [at] ～** (場所)に泊まる，(場所)に滞在する | stay in | |
| 615 **stay with ～** (人)の所に泊まる，(人)の所に滞在する | stay with | |
| 616 **get up** 起きる，立ち上がる | get up | |

| 3回目 発音しながら書く |
| --- |
| |
| |
| |
| |
| |
| |
| |
| |

## Unit 34の復習テスト

| 意味 | ID | 意味を見て熟語を書こう |
| --- | --- | --- |
| 帰宅する | 606 | |
| 宿題をする | 608 | |
| ～する必要がある | 604 | |
| 帰宅する | 605 | |
| ～したいと思う | 601 | |
| 帰宅する | 607 | |
| ～するのが好きだ，～したい | 602 | |
| ～になりたいと思う | 603 | |

# Unit 36 617~624

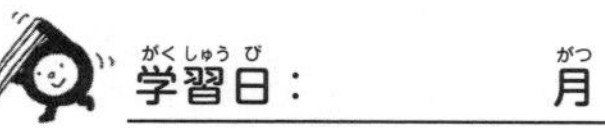
学習日：　月　日

## 動詞の働きをする熟語

| 番号 | 熟語・意味 | 1回目 意味を確認してなぞる | 2回目 音声を聞きながら書く |
|---|---|---|---|
| 617 | **wake up**<br>目が覚める | wake up | |
| 618 | **take a trip**<br>旅行をする | take a trip | |
| 619 | **go on a trip**<br>旅行に行く | go on a trip | |
| 620 | **speak to ~**<br>~に話しかける，~と話す | speak to | |
| 621 | **talk to ~**<br>~に話をする | talk to | |
| 622 | **talk with ~**<br>~と話をする | talk with | |
| 623 | **listen to ~**<br>~を聞く，~に耳を傾ける | listen to | |
| 624 | **hear about ~**<br>~について聞く | hear about | |

| 3回目<br>発音しながら書く |
|---|
| |
| |
| |
| |
| |
| |
| |
| |

## Unit 35の復習テスト

| 意味 | ID | 意味を見て熟語を書こう |
|---|---|---|
| 起きる，立ち上がる | 616 | |
| ～を待つ | 613 | |
| Bに向かって(Aを)出発する［離れる，去る］ | 611 | |
| (場所)に泊まる，(場所)に滞在する | 614 | |
| AをBに連れていく | 609 | |
| (人)の所に泊まる，(人)の所に滞在する | 615 | |
| 楽しい時を過ごす | 612 | |
| ～を探す | 610 | |

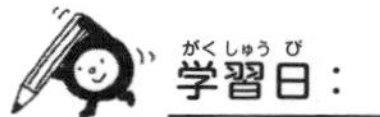
学習日：　　月　　日

## 動詞の働きをする熟語

| 熟語・意味 | 1回目 意味を確認してなぞる | 2回目 音声を聞きながら書く |
|---|---|---|
| 625 **go *doing*** ～しに行く | go doing | |
| 626 **finish *doing*** ～し終える | finish doing | |
| 627 **enjoy *doing*** ～するのを楽しむ，楽しんで～する | enjoy doing | |
| 628 **go back to ～** ～へ帰る，～へ戻る | go back to | |
| 629 **come back to ～** ～へ帰ってくる | come back to | |
| 630 **get back** 戻る，帰る | get back | |
| 631 **come back from ～** ～から帰ってくる，～から戻ってくる | come back from | |
| 632 **arrive at ～** ～に着く | arrive at | |

| 3回目 発音しながら書く |
| --- |
| |
| |
| |
| |
| |
| |
| |
| |

## Unit 36の復習テスト

| 意味 | ID | 意味を見て熟語を書こう |
| --- | --- | --- |
| 旅行をする | 618 | |
| ～と話をする | 622 | |
| ～に話をする | 621 | |
| ～を聞く,<br>～に耳を傾ける | 623 | |
| ～について聞く | 624 | |
| ～に話しかける,<br>～と話す | 620 | |
| 旅行に行く | 619 | |
| 目が覚める | 617 | |

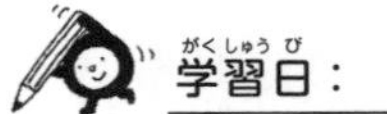
学習日：　月　日

## 動詞の働きをする熟語

| 熟語・意味 | 1回目 意味を確認してなぞる | 2回目 音声を聞きながら書く |
|---|---|---|
| 633 **arrive in ～** ～に着く | arrive in | |
| 634 **get to ～** ～に着く，～に到着する | get to | |
| 635 **start *doing* [to *do*]** ～し始める | start doing | |
| 636 **stop *doing*** ～することをやめる | stop doing | |
| 637 **take a picture** 写真をとる | take a picture | |
| 638 **walk to ～** ～まで歩いて行く | walk to | |
| 639 **ask ～ for help** ～に助けを求める | ask ～ for help | |
| 640 **help *A* with *B*** AのBを手伝う，AをB(のこと)で助ける | help A with B | |

| 3回目 発音しながら書く |
|---|
| |
| |
| |
| |
| |
| |
| |
| |

## Unit 37の復習テスト

| 意味 | ID | 意味を見て熟語を書こう |
|---|---|---|
| ～へ帰る，～へ戻る | 628 | |
| ～しに行く | 625 | |
| ～に着く | 632 | |
| ～し終える | 626 | |
| 戻る，帰る | 630 | |
| ～へ帰ってくる | 629 | |
| ～から帰ってくる，～から戻ってくる | 631 | |
| ～するのを楽しむ，楽しんで～する | 627 | |

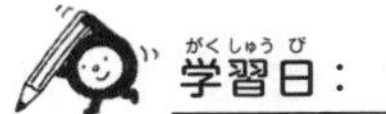
学習日：　　月　　日

## 動詞の働きをする熟語

| 熟語・意味 | 1回目 意味を確認してなぞる | 2回目 音声を聞きながら書く |
|---|---|---|
| 641 **ask for ～** ～を求める | ask for | |
| 642 **have a cold** 風邪をひいている | have a cold | |
| 643 **take a bath** 入浴する | take a bath | |
| 644 **take a shower** シャワーを浴びる | take a shower | |
| 645 **take a walk** 散歩をする | take a walk | |
| 646 **go out** 外出する | go out | |
| 647 **say goodbye to ～** ～に別れのあいさつを言う | say goodbye to | |
| 648 **stay (at) home** 家にいる | stay at home | |

| 3回目 発音しながら書く |
|---|
| |
| |
| |
| |
| |
| |
| |
| |

## Unit 38の復習テスト

| 意味 | ID | 意味を見て熟語を書こう |
|---|---|---|
| ～することをやめる | 636 | |
| ～に着く | 633 | |
| ～に着く，<br>～に到着する | 634 | |
| ～まで歩いて行く | 638 | |
| ～し始める | 635 | |
| ～に助けを求める | 639 | |
| AのBを手伝う，<br>AをB(のこと)で助ける | 640 | |
| 写真をとる | 637 | |

## 動詞の働きをする熟語

| 熟語・意味 | 1回目 意味を確認してなぞる | 2回目 音声を聞きながら書く |
|---|---|---|
| 649 **think of ～** ～のことを考える，～を思い出す | think of | |
| 650 **become friends with ～** ～と友だちになる | become friends with | |
| 651 **catch a cold** 風邪をひく | catch a cold | |
| 652 **get off ～** ～から降りる | get off | |
| 653 **give up** あきらめる，やめる | give up | |
| 654 **have no idea** まったくわからない | have no idea | |
| 655 **go around [round] ～** ～のまわりを回る | go around | |
| 656 **look around** あたりを見回す | look around | |

3回目
発音しながら書く

## Unit 39の復習テスト

| 意味 | ID | 意味を見て熟語を書こう |
|---|---|---|
| 散歩をする | 645 | |
| ～を求める | 641 | |
| シャワーを浴びる | 644 | |
| 風邪をひいている | 642 | |
| 入浴する | 643 | |
| ～に別れのあいさつを言う | 647 | |
| 外出する | 646 | |
| 家にいる | 648 | |

# Unit 41 657~664

学習日：　　月　　日

## 動詞の働きをする熟語

| 熟語・意味 | 1回目 意味を確認してなぞる | 2回目 音声を聞きながら書く |
|---|---|---|
| 657 **move to *A* (from *B*)** (Bから)Aに引っ越す | move to A from B | |
| 658 **write to ～** ～に手紙を書く | write to | |
| 659 **write back** 返事を書く | write back | |
| 660 **slow down** 速度を落とす，遅くする | slow down | |
| 661 **worry about ～** ～のことを心配する | worry about | |
| 662 **look like ～** ～に似ている，～のように見える | look like | |
| 663 **believe in ～** ～の存在を信じる，～を信用する | believe in | |
| 664 **play catch** キャッチボールをする | play catch | |

| 3回目 発音しながら書く |
| --- |
| |
| |
| |
| |
| |
| |
| |
| |

## Unit 40の復習テスト

| 意味 | ID | 意味を見て熟語を書こう |
| --- | --- | --- |
| ～から降りる | 652 | |
| ～のことを考える，～を思い出す | 649 | |
| ～と友だちになる | 650 | |
| あきらめる，やめる | 653 | |
| あたりを見回す | 656 | |
| まったくわからない | 654 | |
| 風邪をひく | 651 | |
| ～のまわりを回る | 655 | |

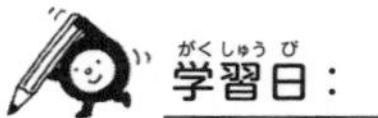
学習日：　月　日

## 動詞の働きをする熟語

| 熟語・意味 | 1回目 意味を確認してなぞる | 2回目 音声を聞きながら書く |
|---|---|---|
| 665 **feel better** 気分がよくなる | feel better | |

## 形容詞の働きをする熟語

| 熟語・意味 | 1回目 意味を確認してなぞる | 2回目 音声を聞きながら書く |
|---|---|---|
| 666 **a lot of ～** たくさんの～ | a lot of | |
| 667 **be late for ～** ～に遅れる，遅刻する | be late for | |
| 668 **be careful** 気をつける | be careful | |
| 669 **be interested in ～** ～に興味を持っている | be interested in | |
| 670 **kind of ～** 種類の～ | kind of | |
| 671 **a glass of ～** コップ1杯の～ | a glass of | |

3回目
発音しながら書く

## Unit 41の復習テスト

| 意味 | ID | 意味を見て熟語を書こう |
|---|---|---|
| ～に似ている，～のように見える | 662 | |
| ～に手紙を書く | 658 | |
| キャッチボールをする | 664 | |
| ～の存在を信じる，～を信用する | 663 | |
| 返事を書く | 659 | |
| ～のことを心配する | 661 | |
| 速度を落とす，遅くする | 660 | |
| (Bから)Aに引っ越す | 657 | |

# Unit 43 672~678

学習日：　　月　　日

## 形容詞の働きをする熟語

| 熟語・意味 | 1回目 意味を確認してなぞる | 2回目 音声を聞きながら書く |
| --- | --- | --- |
| 672 **a cup of ～** カップ1杯の～ | a cup of | |

## 副詞の働きをする熟語

| 熟語・意味 | 1回目 意味を確認してなぞる | 2回目 音声を聞きながら書く |
| --- | --- | --- |
| 673 **in the morning** 午前中に，朝に | in the morning | |
| 674 **in the afternoon** 午後に | in the afternoon | |
| 675 **in the future** 将来 | in the future | |
| 676 **how long** どれくらいの長さ | how long | |
| 677 **all day (long)** 1日中 | all day long | |
| 678 **for a long time** 長い間 | for a long time | |

3回目
発音しながら書く

## Unit 42の復習テスト

| 意味 | ID | 意味を見て熟語を書こう |
| --- | --- | --- |
| 種類の～ | 670 | |
| ～に遅れる，遅刻する | 667 | |
| たくさんの～ | 666 | |
| コップ1杯の～ | 671 | |
| ～に興味を持っている | 669 | |
| 気をつける | 668 | |
| 気分がよくなる | 665 | |

## 副詞の働きをする熟語

| 熟語・意味 | 1回目 意味を確認してなぞる | 2回目 音声を聞きながら書く |
|---|---|---|
| 679 **last week** 先週 | last week | |
| 680 **after work** 仕事の後で | after work | |
| 681 **for example** たとえば | for example | |
| 682 **as ～ as ...** …と同じくらい～ | as ～ as ... | |
| 683 **a lot** たくさん，ずいぶん | a lot | |
| 684 **from *A* to *B*** AからBまで，AからBへ | from A to B | |
| 685 **～ years old** ～歳 | years old | |
| 686 **in front of ～** ～の前に［で］ | in front of | |

| 3回目<br>発音しながら書く |
| --- |
| |
| |
| |
| |
| |
| |
| |
| |

## Unit 43の復習テスト

| 意味 | ID | 意味を見て熟語を書こう |
| --- | --- | --- |
| 将来 | 675 | |
| 午後に | 674 | |
| 午前中に，朝に | 673 | |
| 1日中 | 677 | |
| どれくらいの長さ | 676 | |
| 長い間 | 678 | |
| カップ1杯の～ | 672 | |

# Unit 45 687~694

学習日：　　月　　日

## 副詞の働きをする熟語

| | 熟語・意味 | 1回目 意味を確認してなぞる | 2回目 音声を聞きながら書く |
|---|---|---|---|
| 687 | **next to ～**<br>～のとなりに | next to | |
| 688 | **out of ～**<br>～から外へ | out of | |
| 689 | **both *A* and *B***<br>AとBの両方とも | both A and B | |
| 690 | **one day**<br>（過去の）ある日，（未来の）いつか | one day | |
| 691 | **(on) the first day**<br>第1日目に，初日に | on the first day | |
| 692 | **on vacation**<br>休暇で | on vacation | |
| 693 | **on foot**<br>歩いて，徒歩で | on foot | |
| 694 | **(just) around the corner**<br>角を曲がった所に | just around the corner | |

| 3回目 発音しながら書く |
|---|
| |
| |
| |
| |
| |
| |
| |
| |

## Unit 44の復習テスト

| 意味 | ID | 意味を見て熟語を書こう |
|---|---|---|
| たくさん，ずいぶん | 683 | |
| ～歳 | 685 | |
| 先週 | 679 | |
| …と同じくらい～ | 682 | |
| たとえば | 681 | |
| ～の前に[で] | 686 | |
| 仕事の後で | 680 | |
| AからBまで，AからBへ | 684 | |

学習日：　　月　　日

## 副詞の働きをする熟語

| 熟語・意味 | 1回目 意味を確認してなぞる | 2回目 音声を聞きながら書く |
|---|---|---|
| 695 **by the way** ところで | by the way | |
| 696 **more and more** ますます多くの | more and more | |
| 697 **for free** 無料で，ただで | for free | |
| 698 **right now** 今すぐに，現在，たった今 | right now | |
| 699 **all over the world** 世界中で | all over the world | |

## 助動詞の働きをする熟語

| 熟語・意味 | 1回目 意味を確認してなぞる | 2回目 音声を聞きながら書く |
|---|---|---|
| 700 **have to *do*** ～しなければならない | have to do | |

| 3回目 発音しながら書く |
| --- |
| |
| |
| |
| |
| |

| |
| --- |
| |

## Unit 45の復習テスト

| 意味 | ID | 意味を見て熟語を書こう |
| --- | --- | --- |
| AとBの両方とも | 689 | |
| 第1日目に，初日に | 691 | |
| (過去の)ある日，<br>(未来の)いつか | 690 | |
| 休暇で | 692 | |
| ～のとなりに | 687 | |
| ～から外へ | 688 | |
| 角を曲がった所に | 694 | |
| 歩いて，徒歩で | 693 | |

## Unit 46の復習テスト

| 意味 | ID | 意味を見て熟語を書こう |
|---|---|---|
| 無料で，ただで | 697 | |
| 今すぐに，現在，たった今 | 698 | |
| 世界中で | 699 | |
| ところで | 695 | |
| ますます多くの | 696 | |
| ～しなければならない | 700 | |

1 彼女はその授業に遅刻しました。

She (　　　) (　　　) (　　　) the class.

2 彼は友人たちと楽しい時を過ごしました。

He (　　　) (　　　) (　　　) (　　　) with his friends.

3 私は夕食の前に宿題を終わらせなければなりません。

I (　　　) (　　　) (　　　) my homework before dinner.

4 私の兄[弟]は天気のことを心配します。

My brother (　　　) (　　　) the weather.

5 彼女は週末には早く目が覚めます。

She (　　　) (　　　) early on weekends.

6 彼女は駅の前で彼を待っていました。

She waited for him (　　　) (　　　) (　　　) the station.

7 その芸術家は世界中でとても有名です。

The artist is very famous (　　　) (　　　) (　　　) (　　　).

8 テレビを見るのをやめて寝なさい。

(　　　) (　　　) TV and go to bed.

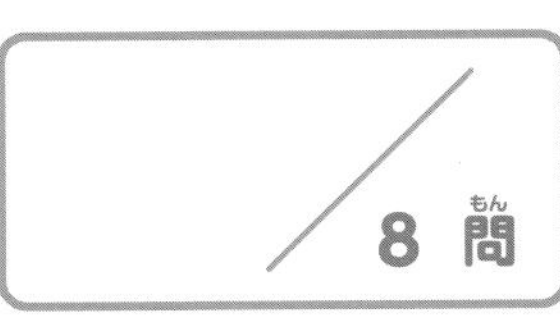


### 実力チェック③の答え

1 was late for　2 had a good time　3 have to finish　4 worries about

5 wakes up　6 in front of　7 all over the world　8 Stop watching

# さくいん

※見出し語番号を表示しています。

## 単語編

## 熟語編